D1699147

Silvius MAGNAGO

Ein Leben für Südtirol

gefördert von
Stiftung Südtiroler Sparkasse

AUTONOME PROVINZ BOZEN SÜDTIROL / PROVINCIA AUTONOMA DI BOLZANO ALTO ADIGE
Deutsche Kultur

SILVIUS MAGNAGO AKADEMIE

Die Drucklegung dieses Buches wurde ermöglicht durch
die Stiftung Südtiroler Sparkasse,
die Südtiroler Landesregierung/Abteilung für deutsche Kultur
und durch die Silvius-Magnago-Akademie

BIBLIOGRAFISCHE INFORMATION DER DEUTSCHEN NATIONALBIBLIOTHEK
Die Deutsche Nationalbibliothek verzeichnet diese Publikation in der
Deutschen Nationalbibliografie; detaillierte bibliografische Daten sind
im Internet abrufbar: http://dnb.d-nb.de

2010 · Zweite, ergänzte und aktualisierte Auflage
Alle Rechte vorbehalten
© by Verlagsanstalt Athesia AG, Bozen (1983)
Fotos »Dolomiten«: Erika Gamper, Otto Ebner, Harald Knoflach (5),
Matteo Groppo (4), Michael Eschgfäller (1); Foto Kretz (1), Foto K. Penn (1)
Umschlagbild: Erika Gamper
Grafische Gestaltung: Athesiagrafik, Marion Prossliner
Layout: Athesiagrafik und Erwin Kohl
Gesamtherstellung: Athesiadruck, Bozen

ISBN 978-88-8266-285-1

www.athesiabuch.it
buchverlag@athesia.it

Hans Benedikter

Silvius MAGNAGO

Ein Leben für Südtirol

VERLAGSANSTALT ATHESIA | BOZEN

Inhalt

Erstes Kapitel — Seite 8

Der Tag von Sigmundskron

Noch einmal geht Magnago in Gedanken die Punkte seiner Rede durch, die er den Südtiroler Landsleuten heute Vormittag auf der Schlossruine von Sigmundskron halten will.

Zweites Kapitel — Seite 38

Das Trauma des Faschismus

Die Faschisten ermorden am 24. April 1921 den Marlinger Lehrer Franz Innerhofer. Diese Tragödie wird zu einem Schlüsselerlebnis für den Volksschüler Silvius Magnago.

Drittes Kapitel — Seite 74

Die Entscheidung von Meran

Magnago wirft einen Blick auf seinen Widersacher Peter Brugger, sein langjähriger Mitarbeiter in der Landesregierung, nun Senator in Rom, um den sich die »Paket«-Gegner geschart haben!

Viertes Kapitel — Seite 148

Die europäische Dimension

Magnago ist ein überzeugter Europäer, der das Südtirolproblem im europäischen Zusammenhang sieht.

Fünftes Kapitel — Seite 162

Bezugspunkte des Wirkens

Magnago liebte es, in seinen Reden weit auszuholen. Er konnte aber auch zuhören. Zu den sozial Schwachen, zu jenen, denen Unrecht zugefügt wurde, hatte er ein besonderes Verhältnis.

Sechstes Kapitel — Seite 192

Der Mann des Jahrhunderts

Magnago war ein politischer Prophet, vom heiligen Eifer für die als gerecht erkannte Sache zutiefst erfüllt.

Zum Geleit · Hans Benedikter

Der Mann des Jahrhunderts

Dieses Buch erscheint zu einem traurigen Anlass: Silvius Magnago ist tot. Der Mann, der Südtirols Nachkriegsgeschichte wie kein anderer zuvor geprägt hat, weilt nicht mehr unter uns. Das vorliegende Buch, das nach seinem Erscheinen im Jahre 1983 überarbeitet und um das Abschlusskapitel ergänzt wurde, stellt ein Vermächtnis dar. Denn Magnago hatte es Satz für Satz gelesen und gutgeheißen.

Schon zu Lebzeiten war Magnago eine Legende. Der langjährige Landeshauptmann von Tirol, Eduard Wallnöfer, wahrscheinlich der Einzige, der sich Magnagos Freundschaft rühmen konnte, bewunderte seinen »eisernen Willen und sein diplomatisches Geschick«. Den jeweiligen österreichischen Außenministern sei, so meinte er, angesichts der herausragenden Fähigkeit, die Lage Südtirols so lebendig und dramatisch mit »fein geschliffener Klinge« zu schildern, gar nichts anderes übrig geblieben, als »seiner« Linie zu folgen. Der langjährige österreichische Außenminister Alois Mock, selbst ein großer Politiker und Europäer, rühmte Magnago als »harten, konsequenten Streiter für die Rechte der Südtiroler«. Er habe sein »ganzes Dasein dieser einzigen großen Aufgabe gewidmet«. Mock nannte ihn einen »großen europäischen Staatsmann«. Denn Magnago sei, so meinte er, erfolgreich einen Mittelweg zwi-

Sankt Pauls, im Juni 2010

schen dem »unveräußerlichen Recht auf Selbstbestimmung, das jeder Volksgruppe zusteht« und den »vorhandenen politischen Realitäten« gegangen. Er habe es mit Energie und Zähigkeit erreicht, »seinem Volk« größere Freiheiten und Eigenständigkeit zu sichern. Der Mann, der »gründlich, menschlich und zukunftsorientiert« war – so der frühere Fraktionsobmann der SVP im Südtiroler Landtag, Klaus Dubis –, habe stets das »Augenmaß für das Durchsetzbare« besessen.
Der langjährige Ministerpräsident des Freistaates Bayern, Franz Josef Strauß, nannte Magnago sogar einen »Wegbereiter eines freien Europa«. Und Bundeskanzler Helmut Kohl, unter dessen Ägide das getrennte Deutschland wieder zur Einheit zusammenfand, bezeichnete Magnago als »Südtiroler Schicksal«. In einem »schwierigen Land« habe er überaus erfolgreich Politik gemacht, gerade weil er »den totalitären Staat sowohl in seiner faschistischen als auch in seiner nationalsozialistischen Version« habe erleben müssen.
So haben alle bedeutenden Politiker des deutschsprachigen Raumes und weit darüber hinaus Magnago schon zu Lebzeiten ihre Anerkennung ausgesprochen. Magnago – ein Leben für Südtirol. Ein Auftrag, ja ein Vermächtnis.

Erstes Kapitel

Der Tag von Sigmundskron

»Für ein autonomes Südtirol!«, befreit von den Fesseln der Bevormundung durch Trient, versammelte sich damals Jung und Alt auf Sigmundskron. Der Weg zu diesem Ziel war jedoch überaus lang und steinig. Niemand wusste dies besser als Magnago, der »Vater des Pakets«, durch das Südtirol einer echten Landesautonomie ein entscheidendes Stück näher kam. Sigmundskron bildet deshalb in seinem Leben einen entscheidenden Markstein. Ohne diese Manifestation des Selbstbehauptungswillens der Südtiroler Bevölkerung hätte dem Land aller Wahrscheinlichkeit nach ein ähnliches Schicksal gedroht wie anderen Minderheiten in Europa.

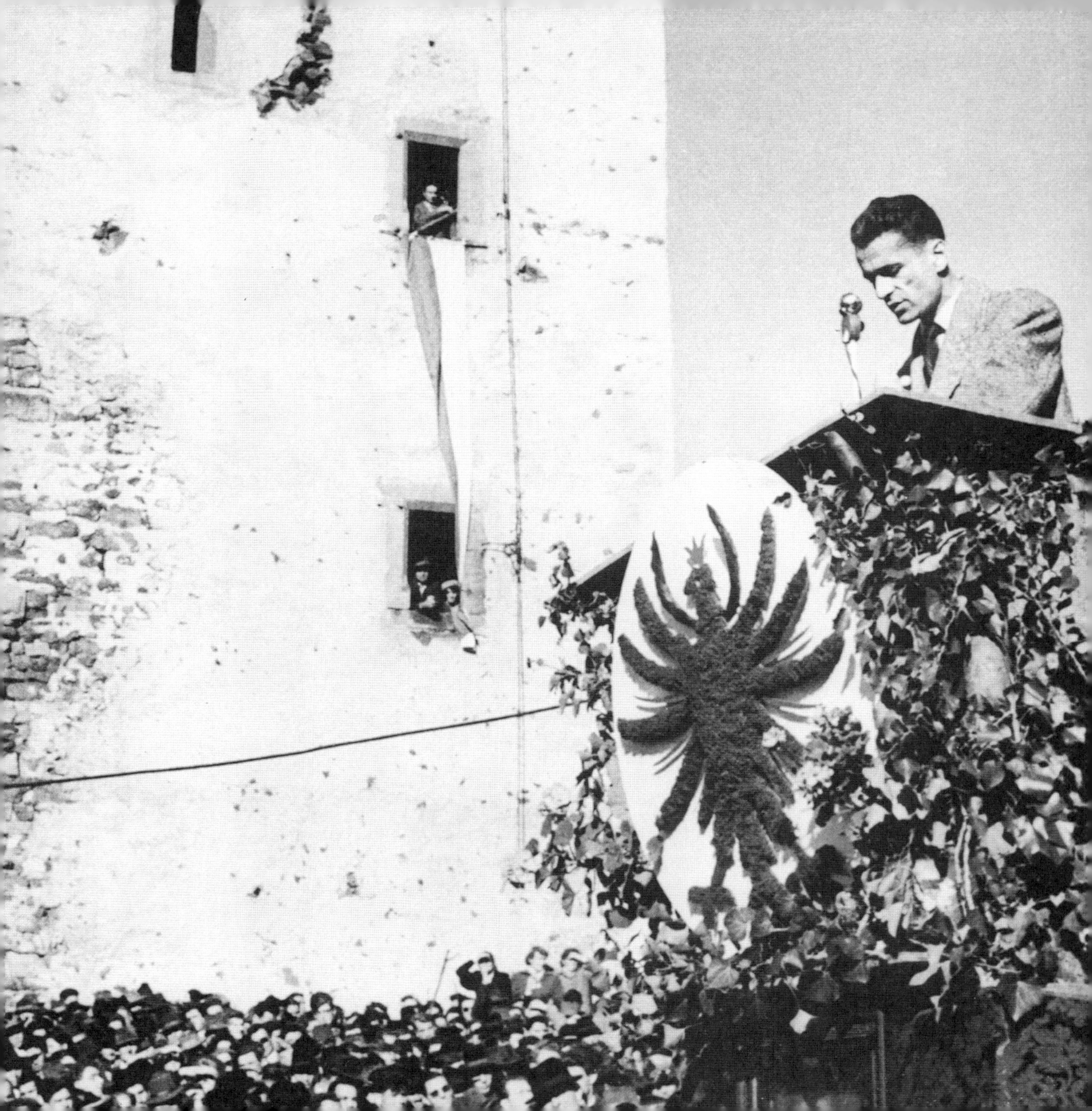

Noch einmal geht Magnago in Gedanken die Punkte seiner Rede durch, die er den Südtiroler Landsleuten heute Vormittag auf der Schlossruine von Sigmundskron halten will.

■ Der Spätherbstmorgen des 17. November 1957 zieht sonnig-kühl über dem Bozner Talkessel auf. In der Kanzlei des Quästors in Bozen werden die letzten Anweisungen ausgegeben. In Stahlhelmen haben die am Vortag von allen Seiten zusammengezogenen Polizeieinheiten schon in der Morgendämmerung an allen strategischen Punkten der Landeshauptstadt Aufstellung genommen. Bozen gleicht einer belagerten Festung. In seiner Wohnung in der Runkelsteiner Straße rüstet sich der im Mai 1957 zum Obmann der Südtiroler Volkspartei gewählte Silvius Magnago für seinen ersten entscheidenden Bewährungstag. Er hat eine unruhige Nacht zugebracht. Noch einmal geht er in Gedanken die Punkte seiner Rede durch, die er den Südtiroler Landsleuten heute Vormittag auf der Schlossruine von Sigmundskron halten will.

Tage der Hektik und Unruhe

Bozen gleicht einer belagerten Festung

Die vergangenen Tage sind voller Hektik und Unruhe gewesen. Die zahllosen Telefongespräche, die Aussprachen und Beratungen mit Parteifreunden, schließlich die Unterredung mit Regierungskommissar Sandrelli.

Dramatische Unterredung mit Regierungskommissar Sandrelli

Wenn die Kundgebung heute nicht friedlich verlaufen sollte – nicht auszudenken! Würde er die zu erwartende Menge aus allen Tälern der Heimat darauf einschwören können, auf den Marsch nach Bozen zu verzichten und nach der Kundgebung ruhig nach Hause zu gehen? Bei ihm, dem Obmann der Südtiroler Volkspartei, lag dafür die letzte Verantwortung. Er hatte es dem Regierungskommissar am Ende der Unterredung ja »schriftlich« gegeben, bevor er mit dem Lift wieder ins Erdgeschoss fuhr.

Sandrelli baut fest auf diese Zusicherung. Sie stellt für ihn eine Art Garantie, ja eine schriftliche Rückversicherung gegenüber Rom dar. Obwohl der höchste Vertreter des Staates in Südtirol vor den Drohungen der italienischen Neufaschisten gegen die Kundgebung in Bozen kleinlaut kapituliert hat, rechnet er mit dem deutschen Wort Magnagos.

Sandrelli kapituliert vor den Drohungen der Neufaschisten

»Es darf nichts schief gehen!« Magnago geht unruhig zum Fenster seiner Wohnung. Was wird dieser Sonntagmorgen wohl bringen? Für zehn Uhr ist der Beginn der Kundgebung in Sigmundskron anberaumt worden. Mit rund zehntausend Teilnehmern rechnen auch die Pessimisten in der Parteileitung. Aber vielleicht, so hofft der Obmann, würden es sogar noch erheblich mehr werden. Doch ob es für den großen Schlosshof reichen wird? Die Leitung der SVP in der »Villa Brigl« hat den Aufruf zur Teilnahme an der Kundgebung zwar vorwiegend auf das hochbrisante Thema des sozialen Wohnbaues abgestimmt, mit dem Rom politisches Schindluder treibt. Diesen alles entscheidenden Punkt muss er in den Vordergrund stellen, alles Weitere kann man dann in die Rede noch einflechten. Die Resolution der Partei würde ohnedies durch die Volksmenge problemlos genehmigt werden. Viele haben daran herumgefeilt. So ist sie, rein stilistisch gesehen, kein Glanzstück geworden. Doch der Ernst der Lage hat sie diktiert, all die Not, in die das Südtiroler Volk gedrängt wurde, spricht aus ihr. Sie ist ein Ausdruck tiefer Sorge. Da spielt die Form keine Rolle mehr.

Bei der Quästur in Bozen treffen inzwischen die ersten Kontrollmeldungen der mit Funk ausgerüsteten Polizeioffiziere ein. 8.30 Uhr: Durch die Südtiroler Landeshauptstadt bewegt sich zu dieser Stunde bereits ein riesiger Kordon von Fahrzeugen. Sind das alles

Teilnehmer an der Kundgebung? Aus allen Richtungen, aus allen Tälern kommen sie, zwar fast nur Männer, doch aus allen Volksschichten. Ganz Südtirol scheint sich auf den Weg gemacht zu haben. Der Quästor schüttelt den Kopf. Er kann es immer noch nicht glauben, nicht fassen, denn so etwas hat er in seiner ganzen Laufbahn noch nicht erlebt. Kurz nach acht Uhr – so hat man ihm gemeldet – ist im Burghof der majestätischen Schlossruine die weiß-rote Tiroler Fahne in den blauen Himmel des milden Spätherbsttages geflattert. Das Symbol des Widerstandes, dessen Hissung man vor drei Tagen verboten hat, schwebt an einem Luftballon, für die Polizei unerreichbar. Bald darauf sind die verbotenen Fahnen auch an den Türmen und Mauern zu sehen.

Trotz Verbotes überall Tiroler Fahnen im Schlosshof

Die Polizei hat Anweisung erhalten, sich vor missverständlichen Gesten zu hüten, Nerven zu bewahren, sich nicht leichtfertig »provozieren« zu lassen. Denn bereits eine Kleinigkeit kann einen Zwischenfall mit unübersehbaren Folgen heraufbeschwören, eine Schießerei auslösen. Das würde dem italienischen Ansehen im Ausland nicht gut bekommen. Aus Österreich, aus der Bundesrepublik Deutschland, ja sogar aus Frankreich und Belgien sind Journalisten nach Bozen gekommen, um den Protest der Südtiroler zu erleben. Die führenden italienischen Tageszeitungen haben ihre Sonderkorrespondenten geschickt. Man muss sich deshalb einen möglichst toleranten Anstrich geben. Im demokratischen Italien darf schließlich jeder demonstrieren, warum nicht auch die Südtiroler Volkspartei!? Viele, so meinte man, würden ohnedies nicht kommen. Einige Tage vor Sigmundskron hat der Trentiner Abgeordnete im römischen Parlament, Flaminio Piccoli, in der Tageszeitung »L'Adige« noch spöttisch geschrieben, man solle »die Bauern ruhig durch Bozen marschieren lassen …«.

Demonstrationsrecht auch für die Südtiroler Volkspartei

Doch nicht nur die Bauern, ein ganzes Volk hat sich auf den Weg gemacht. Sie kommen aus allen Richtungen, aus allen Tälern.

Sie kommen in Omnibussen, auf ihren Motorrädern und Rollern, auf Fahrrädern, und viele – zu Fuß! Eine ganze Menschenlawine bewegt sich in Richtung Sigmundskron. Da gilt es, denken sich die Polizeigewaltigen, doppelt aufzupassen. Nur mit Zurückhaltung und dem Schein von Toleranz kann man nun noch beweisen, dass die Südtiroler eigentlich wenig Grund zur Klage haben. Ob man mit der Zuweisung der zweieinhalb Milliarden für den Wohnungsbau in Bozen als Ermunterung für die italienischen Zuwanderer nicht doch vielleicht noch etwas hätte zuwarten sollen? Wäre es nicht klüger gewesen, das Geld in kleineren Raten, etwas unauffälliger, für den gleichen Zweck zu verwenden? Denn erst diese Nachricht hat die Stimmung unter den »Tedeschi« angeheizt.

Zweieinhalb Milliarden für den Wohnungsbau, um die Zuwanderung zu fördern

Entlang der Auffahrtsstraße zum Burghof haben die Ordner mit weißen Binden inzwischen alle Hände voll zu tun. Wären die Leute nicht von Natur aus diszipliniert und geduldig, wäre der riesige Zustrom wohl kaum zu bewältigen. Bezirksvertreter der SVP, vor allem Jugendliche, tragen Spruchbänder mit sich. Auch eine ganze Anzahl von Tiroler Fahnen haben sie mitgebracht.

Vor der »Villa Lener«, der Wohnung des SVP-Obmannes, fährt der Wagen vor. Man müsse rechtzeitig wegfahren, so hat man ihn gemahnt, denn die Straßen seien bereits jetzt verstopft. Magnago spürt heute die Last der Verantwortung ganz besonders, die Hypothek der vielen Hoffnungen, die auf ihn gesetzt werden. Verantwortung: Auch dieses Wort kann den seelischen Druck nicht beschreiben, der auf ihm lastet. Würden alle Bezirksobmänner das Ihre tun? Konnten sie im entscheidenden Moment überhaupt mithelfen, auf die aufgewühlte Volksmenge beruhigend einzuwirken? Magnago spürt es seit Tagen: Über Bozen liegt eine Atmosphäre kalter Spannung. Seit Menschengedenken hat

Die schier erdrückende Last der Verantwortung

es in Südtirol keinen vergleichbaren Beschluss einer Partei zu einer solchen Volkskundgebung gegeben!

Gewiss, nach Kriegsende, am 4. Mai 1946, hatten rund 18.000 Südtiroler auf Schloss Sigmundskron das Selbstbestimmungsrecht gefordert. Die SVP hatte unter der Führung ihres Begründers und ersten Obmannes, Erich Amonn, ein festes Bekenntnis zur Heimat abgelegt. Eine noch von der Tragödie eines Weltkrieges gezeichnete Generation hatte alle Müdigkeit, Resignation und Trauer abgeschüttelt und sich zu einer eindrucksvollen Demonstration aufgerafft. Doch von einer wirklichen Aufbruchstimmung in eine neue Zeit war damals wenig zu spüren. Immerhin: Damals bestand noch ein Mindestmaß an Hoffnung, die Unrechtsgrenze zu beseitigen. Denn die Friedensverträge waren noch nicht abgeschlossen. Es lag also noch in der Hand der Sieger, Gerechtigkeit zu üben.

Bereits 1946 forderten 18.000 Südtiroler auf Schloss Sigmundskron das Selbstbestimmungsrecht

Leider kam es anders. Die Brennergrenze wurde bestätigt. Doch wenigstens musste Italien dem Pariser Vertrag zustimmen. Dieser sah Schutzbestimmungen für die deutsche Volksgruppe vor.

Gerechtigkeit und Recht, Ordnung und Maß – in diesen Kategorien lag der erträgliche Lauf der Dinge, die Richtschnur für alle Politik mit Vernunft. Aus ihnen auszubrechen, konnte nur Nachteile, vielleicht sogar Unheil bringen. Für den auf der Landesversammlung vom 25. Mai 1957 zum neuen Obmann der SVP gewählten Silvius Magnago steht dieser Grundsatz von Jugend an fest. Sein Vater hat immer nach diesen Prinzipien gehandelt, der Bub und spätere Student, trotz mancher widriger Umstände, stets daran festgehalten. Man durfte einfach nicht zum kurzsichtigen Opportunisten werden, der die Lage nur nach dem Augenblick und unter dem schiefen Blickwinkel des eigenen Vorteils beurteilte! Man musste den Augenblick zwar kennen und seine Chancen nützen, aber alles einem langfristigen Ziel unterordnen. Denn das Ganze zählte, nicht der Teil.

Das amputierte Bein schmerzte heute wieder einmal. Das mochte auch der angespannten Atmosphäre der vergangenen Tage und all den Aufregungen zuzuschreiben sein. Doch darauf, was ihn heute quälte, was ihm Sorgen bereitete, darauf konnte niemand Rücksicht nehmen. Er weiß, dass er im entscheidenden Augenblick alles abschütteln kann, dass er dann voll seinen Mann stehen wird. Er kennt sich. Wenn's darauf ankommt, ist er zäh. In Gedanken versunken, vergisst er auch die fiebrige Erkältung, die ihm seit Tagen zu schaffen macht. Heute darf er sich nichts anmerken lassen! Für Schwachheiten ist keine Zeit. Sich krank zu melden und einen anderen, einen seiner Stellvertreter, ans Rednerpult von Schloss Sigmundskron zu schicken – nein, undenkbar! Wenn es so weit ist, wird alle Müdigkeit von ihm abfallen, alle Nervosität wird wie weggewischt sein. Er allein hat sein Wort verpfändet, dass Ruhe und Ordnung herrschen werden. Sein »deutsches Wort«. Ja, so würde er es den Leuten sagen:

Für Schwachheiten ist keine Zeit

Ich habe mein deutsches Wort gegeben. Und auch wenn die anderen viel versprochen und genau das Gegenteil gehalten haben, so bitte ich euch, mein deutsches Wort einzuhalten. Denn das deutsche Wort hat bei uns noch Gültigkeit …

Ja, so würde er es seinen Landsleuten sagen. Applaus würde man ihm wohl dafür keinen geben, wenn er die Volksmenge an sein Versprechen gegenüber einem überaus zaghaften italienischen Regierungskommissar binden würde. Aber sie würde es respektieren. Er hofft es wenigstens. Denn nur unter dieser Voraussetzung ist die Genehmigung zur Kundgebung erteilt worden. Sorgen bereiten ihm nur ein paar jugendliche Heißsporne, vor denen man ihn eindringlich gewarnt hat. Schon einige politische Hitzköpfe nach guter Tiroler Art genügten, um … Nein, besser daran gar nicht denken! Es durfte einfach

Magnago formt seine Rede

Heißsporne und Hitzköpfe bereiten Sorge

nicht dazu kommen. Deshalb ist der Beginn seiner Rede so wichtig. Vom ersten Moment an muss es ihm gelingen, die Menge in den Griff zu bekommen! Alles andere würde dann schon gut gehen. Auf seine Mitarbeiter in der Partei kann er sich verlassen; wenn jeder seine Pflicht tut, denkt Magnago, dann müsste es schon gehen …

Im Auto spricht er nicht. Er ordnet in Gedanken noch einmal systematisch all das, was er heute sagen will. Doch nicht lange kann er seinen Überlegungen nachhängen. Denn plötzlich steckt der Wagen hoffnungslos in einer nicht mehr enden wollenden Kolonne. Und die Zeit drängt! Er ist zwar rechtzeitig, aber dennoch zu spät weggefahren! Pünktlichkeit ist sonst nicht seine Stärke. Er neigt dazu, alles nicht unbedingt Notwendige aufzuschieben, buchstäblich auf den letzten Moment. Er sieht die Menge, die dichten Menschenknäuel, die sich nun zum Schloss hinaufbewegen. Stolz erfüllt ihn. Er vertritt Tiroler, mit denen man in der Stunde der Bewährung rechnen kann. Er ist Obmann einer Partei, auf die man sich verlassen kann, in guten wie in schlechten Zeiten. Man erkennt ihn, ruft ihm ermunternde Worte zu, grüßt ihn. Er fühlt plötzlich, welches Übermaß an Erwartungen auf ihn gesetzt wird. Nicht auszudenken, wenn Tausende Landsleute, die sich teilweise schon in aller Herrgottsfrüh auf den Weg gemacht haben, nun auf ihn lang warten müssen und ungeduldig werden! In der Zwischenzeit kann dann gerade das geschehen, was er am meisten fürchtet: der kleine Zwischenfall, der eine große Lawine auslösen kann. Wie kann er noch rechtzeitig hinaufkommen?

Magnago im Stau: Wird er noch rechtzeitig zur Kundgebung kommen?

Da bringt ein Motorradfahrer aus Bozen unerwartete Hilfe. Er bietet dem kriegsversehrten Obmann an, ihn schnell hinaufzubringen. Magnago zögert keinen Augenblick. Er steigt auf das Motorrad, hält sich fest. Zwar ist er es nicht gewöhnt, sich auf so einem Vehikel fortzubewegen. Doch heute bleibt ihm keine Wahl, es geht ein-

Ein »Wunder« im letzten Augenblick

fach nicht anders. Es wird eine fast halsbrecherische Fahrt. Der Retter in der Not fährt nervös. Voll Stolz und Sorge zugleich, nicht gut vorwärts zu kommen, krallt er die Finger um den Gashebel, hupt und kurvt um die Gruppen der Marschierenden herum. Die Leute, viele von ihnen in schmucker Tracht, erkennen den Obmann, erkennen den Landtagspräsidenten. Doch dieser hat keine Zeit, ihre Grüße zu erwidern. Er muss schnell hinauf. Denn oben, im Schlosshof, warten sie schon auf ihn. Noch einmal gibt sein Nothelfer kräftig Gas, dann erreicht man über den holprigen Weg endlich den geräumigen Hof. Der Fahrer hält erst unmittelbar vor dem Rednerpodium und den wartenden Journalisten. Magnago steigt ab, dankt kurz, winkt dem Helfer in der Not noch einmal zu.

Der Obmann wird schon ungeduldig erwartet

Und jetzt erst überblickt er die Menge: Es sind viele Tausende! Wer kann sie noch zählen?! Sicher sind es mehr als zwanzig-, wahrscheinlich sogar über dreißigtausend oder noch mehr! Sie füllen jeden Winkel, stehen auf allen Mauern, ja sogar auf den Turmspitzen. Auf den Dächern und Zinnen sitzen sie. Jugendliche hocken auf den entlaubten Baumästen. Auf den Wiesen außerhalb des Schlosses stehen Tausende von Menschen, andere füllen die fast einen Kilometer lange Auffahrtsstraße zur Schlossruine. Alle sind gekommen: die Bauern und die Handwerker, die Arbeiter und die Akademiker, die Kaufleute und die Gastwirte und vor allem viele, viele Jugendliche, Schüler und Studenten. Sie sind ganz selbstverständlich gekommen. Man hat sie nicht erst lang rufen oder gar bitten müssen. Sie wollten dabei sein! Sie wollten ihre Rechte einklagen, ihren Protest gegen deren Missachtung vor aller Welt zum Ausdruck bringen.

Die Losung lautet: Los von Trient!

In der Hofmitte der Schlossruine steht das Rednerpult. Heimatlieder, vertraute Weisen klingen an. Auf der höchsten Turmspitze wird gerade eine Tiroler Fahne aufgezogen. Über den Köpfen der zahllosen Menschenmenge sind Dutzende von Tafeln und Spruchbändern sichtbar. In großen Lettern künden sie von der Not eines ganzen Volkes: »Volk in Not« heißt eines, darüber prangt ein Totenkopf. »Kolonie Südtirol – Selbstbestimmung«, »Aus mit der Zuwanderung!«, »Schluss mit der Scheinautonomie«, »Schutz vor 48 Millionen«, »Brüder im Norden, helft uns«, »Südtirol vor die UNO«: So und ähnlich lauten die anderen. Und eines trägt die Losung »Los von Trient!«. Magnago überlegt schnell: Das konnte die richtige Parole für den heutigen Tag sein. Sie ist griffig und eingängig, kurz und prägnant, verbindet Inhalt und Gefühl. Ja, er würde sie in seine Rede einbauen. Er würde ganz frei sprechen. Eine solche Menschenmasse konnte man mit einem trockenen Manuskript ohnedies nicht mehr richtig ansprechen. Hier gilt es, im richtigen Moment die passenden Worte zu finden, die richtigen Worte mit Gefühl und Verantwortungsbewusstsein zugleich zu wählen. Sie müssen improvisiert, ertastet werden. Die Resolution des Parteiausschusses hat er ja in der Tasche. Das müsste eigentlich, so überlegt er, genügen.

Tafeln und Spruchbänder künden von der Not eines ganzen Volkes

Noch immer spielt die Grieser Musikkapelle. Überall, so konnte er bei der Anfahrt feststellen, stehen Polizeieinheiten, wie für einen Großeinsatz schwer bewaffnet. Rund 5000 Carabinieri und Polizisten hat man, so schreiben die Zeitungen am nächsten Tag, in Bozen und Umgebung aufgeboten. Sie sind zum Großteil mit Stahlhelmen und Maschinenpistolen »feldmarschmäßig« ausgerüstet. Auch Sonderkommandos mit rot gestrichenen Jeeps sieht man. Sogar einige Wasserwerfer hat man bereitgestellt. Denn der Marsch auf Bozen liegt in der Luft.

5000 Carabinieri und Polizisten in Bozen und Umgebung

Magnago atmet vorerst auf. Die Menge zeigt Disziplin, bewahrt Ruhe. Und die Polizei hält sich – Gott sei Dank! – genügend abseits.

Die Ereignisse der letzten Tage und Wochen schießen ihm durch den Kopf:

Die Landesversammlung erklärt feierlich, dass das Südtiroler Volk sich mit allen Mitteln des natürlichen, des internationalen und staatlichen Rechts dagegen zur Wehr setzen wird, um nicht auf dem angestammten Heimatboden in eine Minderheit gedrängt zu werden. So hatte der entscheidende Satz der Resolution vom 25. Mai 1957 gelautet, als er auf der Landesversammlung der SVP zum neuen Obmann gewählt worden ist. Auf ihr hatte sich die »schärfere Linie« durchgesetzt, eine Linie, die des geduldigen Zuwartens müde geworden war. Die neue Linie wurde durch Männer wie Hans-Karl Neuhauser, Peter Brugger, Hans Dietl und Friedl Volgger bestimmt. Sie hatte sich eine Mehrheit im Parteiausschuss gesichert und ihn, Magnago, bei der Landesversammlung zum Obmann gewählt.

Die schärfere Linie hat sich durchgesetzt

Denn seit dem Erlass des Autonomiestatuts von 1948, mit dem Rom den Inhalt des Pariser Vertrages zum Nachteil der Südtiroler ausgelegt hatte, war es um Südtirol still geworden. Statt der erhofften Landesautonomie, die jedoch äußerst kärglich ausgefallen war, hatte man das Land an Etsch, Eisack und Rienz einer italienischen Zweidrittelmehrheit in der Region Trentino-Tiroler Etschland ausgeliefert. Und selbst bei der *heutigen äußerst bescheidenen Landesautonomie sind* – wie er später vor der Volksmenge sagen wird – *höchstens 40 Prozent der Kompetenzen, die uns laut Statut zustehen, zehn Jahre nach dessen Abfassung auch wirklich auf die Provinzverwaltung übergegangen.* Die Landesgesetze werden oftmals von Rom zurückverwiesen. Die Begründung lautet regelmäßig, dass dafür noch die Durchführungsbestimmungen fehlten. Und die – etwa für den Volkswohnbau – erlässt man einfach nicht. So bewegt man sich im Teufelskreis.

Italien erfüllt den Pariser Vertrag nicht

Die Südtiroler sind ein geduldiges Volk, überlegt Magnago. Sie haben Vertrauen zu ihrem Recht, auf das sie pochen. Noch kennen sie die italienische Mentalität, freundlich zu sein, doch hart zu bleiben, noch kennen sie die Taktik der vielen Versprechungen und immer währenden Verzögerungen viel zu wenig. Deshalb hat man sich bisher mit Entschließungen und Protesten begnügt. Die SVP-Parlamentarier in Rom haben immer wieder Eingaben gemacht, bei der Regierung vorgesprochen, sie an ihre Verpflichtungen gegenüber den Südtirolern erinnert. Man hat sich alles liebenswürdig und höflich angehört, geändert hat sich deswegen jedoch nichts. Offenbar will man vollendete Tatsachen schaffen, das erfolgreich beenden, was der Faschismus brutal begonnen hat: die »italianità« des deutschen Landes endgültig sicherzustellen.

Hinhaltende Taktik mit vielen Versprechungen und ständigen Verzögerungen

Zwar hat die Schutzmacht Österreich nicht untätig zugesehen. Die junge Republik hatte erst am 15. Mai 1955 den Staatsvertrag und damit ihre außenpolitische Souveränität voll wiedererlangt. In der Note vom Herbst 1956 an die Adresse Roms hatte man ein erstes Zeichen gesetzt. In bittern Worten beklagte die österreichische Bundesregierung die Nichterfüllung des Pariser Vertrages durch Italien. Es sei, so hieß es darin, »höchste Zeit«, die Ereignisse nicht in eine Richtung treiben zu lassen, die niemand wünschen könne. In Rom hatte man den Schritt des Ballhausplatzes jedoch offenbar nicht recht ernst genommen. Die Note hielt man für eine diplomatische Eintagsfliege. Man konterte mit der Behauptung, dass der Pariser Vertrag bereits voll erfüllt sei. Im Übrigen sei Südtirol eine rein »inneritalienische Angelegenheit«. Österreich habe daher kein Recht, sich einzumischen.

Klage Österreichs wegen Nichterfüllung des Pariser Vertrages

Kein Wunder, überlegt Magnago, dass sich das politische Klima im Lande immer mehr zu erhitzen begonnen hatte! Wenige Monate später war es zu den ersten Sprengstoffanschlägen in Südtirol gekommen, Mitte Jänner wurden vierzehn junge Südtiroler verhaftet. Und im Juli war es schließlich zu jenem Schuldspruch gegen sieben Bauernburschen aus Pfunders gekommen, der weit über Südtirol hinaus als politischer Racheakt gewertet worden war: Das Bozner Schwurgericht hatte die »Pfunderer Burschen«, wie sie seitdem genannt wurden, für schuldig befunden, einen Angehörigen der Finanzwache ermordet zu haben, und dafür zu dreizehn bis 24 Jahren Haft verurteilt! Das Bild der mit Handschellen und Ketten aneinander gefesselten jungen Südtiroler war um die Welt gegangen. Der Schuldspruch aufgrund von keineswegs überzeugenden Indizien erregte das ganze Land. Es brauchte nicht mehr viel, um dem Fass den Boden auszuschlagen.

Erste Sprengstoffanschläge

Die Pfunderer Burschen werden verurteilt: äußerst gespannte Lage

Der Funke, der schließlich gezündet hatte, war die Ankündigung, dass Rom eine *schnelle Realisierung des zweiten Wohnbauprogramms beschlossen hat, in welchem die Errichtung eines neuen Stadtteiles in Bozen inbegriffen ist, und zwar für den Betrag von 2,5 Milliarden Lire für die Errichtung von 5000 Wohnräumen, zusätzlich Kirchen und die Gebäude für soziale und öffentliche Dienste*. So hatte der Text des Telegramms gelautet, das der Minister für Öffentliche Arbeiten, Onorevole Giuseppe Togni, am 15. Oktober 1957 an den damaligen Bozner DC-Bürgermeister geschickt hatte. Am Abend hatte sich der Text des Telegramms bereits in ganz Bozen herumgesprochen. In der Villa Brigl hatte der Inhalt wie ein Blitz eingeschlagen. Er selbst, Magnago, hatte es am Anfang gar nicht glauben wollen. Das durfte doch einfach nicht wahr sein! Denn das war eine Kriegserklärung an die deutsche Volksgruppe in Südtirol! Das war doch die nackte Fortsetzung der politischen Zielsetzung des Faschismus! Und doch: Hatte nicht Innenminister Tambroni schon im Mai bei einer Rede in Bozen angekündigt, dass Rom der Stadt »alles gewähren« würde, um

Zweites Wohnbauprogramm: eine Kriegserklärung an die deutsche Volksgruppe

durch eine verstärkte industrielle Entwicklung die Wirtschaft zu fördern?

Ihr seid eine große Stadt, hatte der Minister damals seinen Landsleuten zugerufen, *und werdet eine noch größere Stadt werden.*

Tambroni, so überlegt Magnago, hatte sich damit als gelehriger Jünger Mussolinis erwiesen. Denn fast die gleichen Worte hatte auch der faschistische Diktator schon gebraucht. Doch dass sie ernst gemeint waren, daran bestand kein Zweifel mehr. Die Parteileitung und die Tageszeitung »Dolomiten« hatten die Flammenschrift an der Wand, das politische Menetekel, gut verstanden. Das war die Katastrophe, das konnte das Ende sein! Denn die Zahlen waren unbestechlich: Seit 1945 waren in Bozen rund 4000 Wohnungen mit staatlichen Mitteln gebaut worden. Davon hatten die Italiener 93 Prozent erhalten! In der durch Bombenangriffe schwer heimgesuchten Stadt waren auf diese Weise seit 1945 rund zehntausend Italiener mehr zugewandert, als durch den Wohnungsverlust zunächst abgewandert waren. Der staatliche Wohnungsbau hatte sich als das wirksamste Instrument für die Italienisierung Südtirols erwiesen. Die Südtiroler sollten vor allem in ihrer Landeshauptstadt in einem Meer von Zuwanderern aus dem Süden ertrinken, schrieb später der »Volksbote«. Vertreter des rechten Flügels der DC in Rom wie in Bozen machten aus dieser Absicht auch kein Hehl.

Südtiroler sollten in einem Meer von Zuwanderern ertrinken

Die Zuwanderung ist eine tödliche Gefahr. Sie ist die Hydra mit den ungezählten Köpfen. Sie droht das Volkstum in Südtirol zu ersticken, seine Substanz zu vernichten. Sie bedroht die Südtiroler in ihrer deutschen Heimat, aber sie droht auch, die Nabelschnur zum Vaterland Österreich abzuschneiden. Das alles muss nun ein Ende finden. Denn sonst ginge das Volk an Etsch, Eisack und Rienz seinem Untergang entgegen. Österreichs Stimme für das geprüfte

Die Italienisierung geht unvermindert weiter

Zuwanderung droht Nabelschnur zum Vaterland Österreich zu durchtrennen

Land werde nicht verstummen, hatte Außenminister Figl im Oktober 1957 bei einer Rede in Matrei am Brenner erklärt. Und ÖVP-Nationalrat Aloys Oberhammer († 1983) hatte Ende Oktober in der Reichenau bei Innsbruck sogar wörtlich *die Welt aufgerufen gegen diese Unmenschlichkeit, die zu einem Zeitpunkt vor sich geht, da man an eine Einigung Europas denkt.* Mit »unmenschlich« hat er die tückischen Methoden der römischen Regierung angeprangert, Mittel für den sozialen Wohnbau politisch einzusetzen. Gewiss, klare Worte, aber was konnten sie noch bewirken?

Deshalb hat der Parteiausschuss am 26. Oktober die Südtiroler Bevölkerung zu einer Kundgebung aufgerufen, *zu einer allgemeinen Stellungnahme über die Grundfragen des Daseins des Südtiroler Volkes auf dem angestammten Heimatboden, insbesondere im Zusammenhang mit der Durchführung des Pariser Abkommens.* Zu diesem Zwecke werde in Bozen eine Demonstration stattfinden. Als Termin dafür ist von der Parteileitung der 17. November festgesetzt worden. Zwei Tage vorher hat Togni die SVP-Parlamentarier in Rom empfangen und ebenso liebenswürdig wie energisch bestritten, dass die Wohnbaumaßnahmen der Regierung für Bozen einen anderen als den rein sozialen Zweck verfolgten. Auf dieser Ebene kam man daher nicht mehr weiter.

Die Wahl Magnagos zum neuen Parteiobmann hat den politischen Kurswechsel der Partei angedeutet, doch sonst keinerlei Aufsehen erregt. Für die Sammelpartei ist der demokratische Wechsel von Obmännern ein Akt der politischen Routine. Sein Vorgänger, Toni Ebner, den er seit der gemeinsamen Hochschulzeit in Bologna kennt und dem er nach Kriegsende auch einiges persönlich verdankt, hat eine Wiederkandidatur ausdrücklich abgelehnt. Ebner hat in der Zwischenzeit im Europarat in Straßburg ein auch auf Südtirol anwendbares Volksgruppenrecht gefordert. Er nutzt die Gunst der Stunde, als der Rat grundsätzlich feststellt, dass die Frage der europäischen Minderheiten in Europa keine rein innerstaatliche Angelegenheit, sondern von gesamteuropäischem Interesse sei. Ein zwar wichtiger Schritt, doch guter europäischer Wille und schlechte italienische Praxis klaffen noch weit auseinander. Da hilft es wenig, dass sich der Trentiner Staatsmann Alcide Degasperi als einer der europäischen Baumeister feiern lässt. Auf Südtirol bezogen, hat sich der Europäer Degasperi als eher engstirniger Nationalist erwiesen. Nun, im November 1957, kann man sich fast schon an den Fingern ausrechnen, innerhalb welcher Zeit die Südtiroler in der eigenen Heimat in die Minderheit gedrängt würden. Dann nützt auch der Pariser Vertrag und die beste Autonomie der Welt nichts mehr, denn dann kommt sie unsinnigerweise in erster Linie ja den Italienern zugute. Dann ist das Südtirolproblem durch die Macht der Umstände endgültig »gelöst«. Mussolini kann noch in seinem Grab triumphieren, und noch mehr Ettore Tolomei, der fast zum Totengräber des deutschen Landes geworden wäre.

Frage der europäischen Minderheiten keine rein innerstaatliche Angelegenheit

Magnago denkt an das Los anderer Volksgruppen, deutscher vor allem. An das Elsass, an das Los der Deutschen in den Sieben und in den Dreizehn Gemeinden, an jene im Kanaltal. In Südtirol hält zwar noch der Damm. Die Bevölkerung hat sich in der Not eng zusammengeschlossen. Keine Zwietracht herrscht in den eigenen Reihen. »Ein Volk auf dem Todesmarsch«, so hat der große Kanonikus Michael Gamper damals das Schicksal der Südtiroler beschrieben, zugleich aber Mut gemacht:

Auch die Jugend macht mit

Kanonikus Michael Gamper mahnt und ermuntert zugleich

Ein Volk, das um nichts anderes kämpft, als um sein natürliches und verbrieftes Recht, wird den Herrgott zum Bundesgenossen haben.

Und doch: Haben Pessimisten in den eigenen Reihen, auch in der Parteileitung, nicht oft schon in den letzten Jahren darüber geklagt, dass sich viele Südtiroler schon gar nicht mehr von ihrer völkischen Existenzfrage berührt, geschweige denn betroffen fühlten, da es ihnen, alles in allem, ja wirtschaftlich ganz gut ginge? Hat man nicht oft schon vor allem die Jugend des Landes politisch abgeschrieben? Dabei ist gerade nun diese besonders zahlreich nach Sigmundskron gekommen. Dass man sich auf die enttäuschte Kriegsgeneration verlassen konnte, daran hatte vor allem er, Magnago, nie gezweifelt. Die würde für ihre bedrohte Heimat wieder geradestehen, trotz aller Enttäuschungen wieder ihre Pflicht tun, auch wenn in kleinen Restbeständen das noch tief verwurzelte, manchmal sogar gehässige Misstrauen zwischen »Dableibern« und »Gehern« aus der unseligen Optionszeit von 1939 schwelte. An diesem heutigen Tage würde all dies unwichtig werden; für immer! Dieser Tag sollte nie mehr aus dem Gedächtnis aller Tiroler südlich und nördlich des Brenners ausgelöscht werden. Als Tag des Bekenntnisses zur Heimat. Denn heute stand die Zukunft des Landes auf dem Spiel. Man musste der Weltöffentlichkeit mit aller Kraft beweisen, dass man deutsch bleiben wollte, dass man noch Schneid genug hatte, sich gegen Überfremdung zur Wehr zu setzen. Nur dann bestand noch eine kleine Chance, Rom zur Umkehr zu zwingen, die Erreichung einer echten Autonomie mit einem Mindestmaß an Chancen anzustreben.

Das politische Tauziehen um den Schauplatz der Kundgebung hatte sich in den letzten Tagen, denkt Magnago, zu einem wahren Nervenkrieg ausgeweitet. Die Partei hat dafür ursprünglich den Platz vor dem Landhaus gewählt. Doch als die italienischen Neufaschisten zur gleichen Zeit und am gleichen Ort eine Gegendemonstration ankündigten, hat der Quästor die Kundgebung kurzerhand verboten. Am 12. November hat man am Parteisitz in der Villa Brigl das Schreiben erhalten. Als Ersatz dafür ist der Bozner Sportplatz ange-

Nervenkrieg um Standort der Kundgebung

boten worden. Doch kurz darauf wurde auch die Erlaubnis dafür mit der Begründung zurückgezogen, man könne nicht für die öffentliche Sicherheit garantieren. Ein Verbot jagt nun das andere. Die SVP will zumindest den Grieser Platz für sich beanspruchen. Den würde man leicht voll bekommen. Die Kundgebung soll auf jeden Fall in der eigenen Landeshauptstadt stattfinden! Oder soll man sich gerade aus dieser, nun politisch in ihrer ehemals deutsch-südtirolerischen Existenz gefährdeten Stadt auch noch verbannen lassen? Regierungskommissar Sandrelli bietet schließlich den Flugplatz außerhalb von Bozen an. Wenn die SVP sich bereit erklärt, dorthin auszuweichen, könnten die italienischen Parteien den ruhigen Ablauf der Kundgebung garantieren. Der höchste Vertreter eines demokratischen Staates beugt sich somit den Drohungen und Erpressungen der Neufaschisten, er weicht dem Druck der Straße. Die SVP ist entsetzt, sie protestiert, doch dagegen unternehmen kann sie nicht viel. Immerhin: Das »großzügige« (»Volksbote«) Angebot, auf den Flughafen auszuweichen, wird abgelehnt. Man entscheidet sich für Schloss Sigmundskron, wo schon einmal kraftvoll demonstriert wurde. Diese Kundgebung, so lässt die Partei wissen, um weiteren Erpressungsmanövern vorzubeugen, werde »unter allen Umständen« abgehalten.

Im Zimmer von Regierungskommissar Sandrelli packt der neue SVP-Obmann gründlich aus. Ob »Seine Exzellenz« denn nicht wisse, dass nicht die italienischen Parteien über die Kundgebung einer anderen Partei zu befinden hätten, sondern ausschließlich er, als höchster Vertreter der Regierung in Rom! Er habe die Pflicht, für Ruhe und Ordnung zu garantieren, erinnert ihn Magnago, denn wenn er den Drohungen der Neufaschisten nachgebe, kapituliere man. Italien habe zu beweisen, dass die demokratischen Rechte auch für seine

Warum Sigmundskron?

völkischen Minderheiten Geltung besäßen. Mit einer Politik der Nötigung würde man bei den Südtirolern nicht viel erreichen. Die »Vertreibung« der Kundgebung aus Bozen habe bei der Bevölkerung bereits großen Unmut erzeugt. Für das Anwachsen der Spannung lehne er, Magnago, im Namen der Partei, jede Verantwortung ab. Man dürfe es nicht länger hinnehmen, dass die Neufaschisten jede Gelegenheit nützten, das politische Klima anzuheizen.

Politik der Nötigung wird bei Südtirolern keinen Erfolg haben

Doch Magnago spürt während des Gesprächs bald, dass seine Proteste wirkungslos abprallen. Der Staatsvertreter hat offensichtlich die Nerven verloren. Sogar als er auf Sigmundskron als Ort der Kundgebung beharrt und auf den Beschluss der Partei verweist, sich von dort gewiss nicht mehr verdrängen zu lassen, zögert Sandrelli noch. Am Ende der Unterredung weiß Magnago noch immer nicht, ob er den hohen Staatsbeamten hat überzeugen können, ob wenigstens Sigmundskron offiziell genehmigt werden würde. Da hat der 43 Jahre alte Obmann eine Idee, die Sandrelli wie den sprichwörtlich rettenden Strohhalm aufgreift: *Ich gebe es Ihnen schriftlich, dass nichts passieren wird!* Der Staatsbeamte nimmt diese Redewendung wörtlich, er will diese Garantie wirklich haben. Unverzüglich holt er ein Blatt Papier aus der Schublade seines Schreibtisches und nimmt eine Füllfeder in die Hand. Der Obmann begreift: Er hat einen Mann vor sich, der Angst hat. Sandrelli will eine Art politische Rückversicherung gegenüber seinen Vorgesetzten in Rom. Kaum hat er die kurze, gemeinsam formulierte Erklärung unterschrieben und ihm ausgehändigt, hellt sich die Miene Sandrellis auf. Nun, da ihm die Last der Verantwortung größtenteils abgenommen worden ist, atmet er hörbar auf. Denn auch er hat unruhige Nächte verbracht. Mit dieser Garantie des SVP-Obmannes hat er nun ein Pfand in der Hand. Ihm fällt ein Stein vom Herzen. *Herr Doktor Magnago, Sie haben Mut!,* sagte er. Die Genehmigung für Sigmundskron wird schnell

Regierungskommissar Sandrelli hat Angst, er will von Magnago politische Rückversicherung

erteilt, Magnago sogar freundlich bis zum Ausgang begleitet und dort verabschiedet.

Die folgenden Tage werden für Magnago und seine Mitarbeiter zu einem wahren Martyrium voller Hoffnung, Spannung und Zweifel. Wenn nur das Wetter mitspielen würde! Bei starkem Regen oder gar bei Schneefall würden sofort viel weniger Leute kommen. Für die SVP ist eine Großkundgebung, wie man sie nun in Sigmundskron veranstalten will, ja keine alltägliche Angelegenheit. Die ärmeren Leute aus den Tälern würden sich ja kaum das Fahrgeld leisten können. Auch daran muss man denken. Noch am Vorabend weiß man nichts Genaues über die mögliche Teilnehmerzahl. Zehntausend, so rechnet man, würden sicher kommen. Wenigstens haben die Neufaschisten ihre Gegenkundgebung abgesagt. Offenbar haben sie dazu nun doch die Lust oder vielleicht auch den Mut verloren. Drei Tage vorher hat der Regierungskommissar der SVP die Parteifahne verboten. Das weiß-rote Tuch mit dem Edelweiß in der Mitte würde – so heißt es in der Begründung – »schwere Störungen der öffentlichen Ordnung« provozieren. Am gleichen Tag verbietet die Regierung in Rom der »Föderalistischen Union Europäischer Volksgruppen« (FUEV) die Abhaltung ihres achten Kongresses in Bozen.

Die Neufaschisten sagen ihre Gegenkundgebung ab

Vielleicht, denkt Magnago, als er zum Rednerpult im Schlosshof hinaufsteigt, vielleicht haben gerade diese Verbote so vielen Landsleuten den Ernst der Lage in aller dramatischen Tragik vor Augen geführt. Vielleicht sind gerade deshalb viele Tausende von Südtirolern mehr nach Sigmundskron gekommen, als selbst unverbesserliche Optimisten gerechnet haben! Und noch immer strömen die Menschen in den großen Hof auf dem Schlossberg. Sigmundskron, vom damaligen Tiroler Landesfürsten Sigmund dem Münzreichen zwischen 1473 und 1480 zu einer Festung ausgebaut, kann sie schon längst nicht mehr richtig fassen. Und Gott sei Dank sind auch die Bozner gekommen!

Auch die Bozner sind in großen Scharen gekommen

An ihrer Einstellung und an ihrem Eifer haben manche am meisten gezweifelt. Doch sie sind gekommen, in hellen Scharen, mit den Überetschern und Unterlandlern, mit den Pustertalern und Vinschgern, mit den Burggräflern, Eisack- und Wipptalern.

Bezirksobmann Josef Rößler begrüßt seine Landsleute. Dem SVP-Funktionär des Bezirkes Bozen ist die Freude, die Überraschung über die Riesenmenge leicht anzumerken. Nach ihm spricht der Bauer Georg Pircher senior vom »Hofmann«-Hof aus Lana. Er geht in seiner schönen Burggräflertracht ans Rednerpult und bedient sich einer kräftigen Sprache: *Ich tue sonst nicht so leicht den Hut ab, aber vor euch tue ich es. Und ich tue es voll Stolz und Freude …* Er lobt die Jugend des Landes, mit der man noch »etwas anfangen« könne. Südtirol habe seit seiner Abtrennung von Österreich schreckliche Zeiten erlebt: *Es ist viel versprochen und nichts gehalten worden. Wir sind betrogen und belogen worden bis zum heutigen Tag.*

Die Kundgebung beginnt

Nach ihm spricht der junge Arbeiter Norbert Gasser aus Algund. Er spricht von den Interessen der Südtiroler Arbeiter, die in der eigenen Heimat immer mehr benachteiligt würden: *Unsere Existenzfragen sind brennend geworden.* Beide Redner werden mit stürmischem Beifall bedacht. Immer wieder ruft man »Los von Trient!« und »Freiheit für Südtirol!«

Der Beifall schwillt wie ein Orkan an, als der schwer kriegsversehrte neue Obmann auf seinen Krücken mühsam die Holzstiege zum Rednerpult hinaufschreitet. Nun also ist der große Augenblick der Bewährung gekommen. Es ist dem Parteiobmann alles andere als leicht zumute. »Bleib ruhig und fest«, sagt er sich, »gleich zu Beginn musst du die Leute vom Gedanken an einen Marsch nach Bozen abbringen!« So viele Menschen auf einmal hat er in seinem Leben noch nicht gesehen, geschweige denn vor sich gehabt. Sie alle war-

Der große Augenblick der Bewährung ist gekommen

ten auf sein erlösendes Wort. Er spürt wieder den Druck im Magen. Übelkeit steigt in ihm hoch. Ein falsch gewähltes Wort kann jetzt schon alles verderben! Denn unter den vielen Jugendlichen befinden sich gewiss auch einige rauflustige Heißsporne, die in ihrer Empörung über die »Walschen« zu jeder Dummheit fähig sind. Sie würden eine Herausforderung der Polizei geradezu provozieren. Sie vor allem muss er nun in den Griff kriegen! Er muss deshalb gleich den richtigen Ton treffen, das Herz der Menge ansprechen:

Liebe Südtiroler, liebe Landsleute! Nun ist es schon viel ruhiger geworden. Das Mikrofon trägt seine laute Stimme über den ganzen Schlossberg: *Sie werden verstehen, dass ich für diese Kundgebung eine große Verantwortung trage. Ich habe als Verantwortlicher … und auch als Parteiobmann mein Wort gegeben, dass nach der Kundgebung alles vorbei ist, das heißt … dass kein Marsch und keine Sonderkundgebung nach dieser Kundgebung stattfindet …* Pfiffe und empörte Zurufe sind darauf die Antwort. »Der zweite Akt, der zweite Akt!«, rufen viele Jugendliche. Und andere murren: »Die anderen haben schon viele Worte gebrochen …« Magnago wartet, bis sich der Sturm gelegt hat. Mit diesem Widerspruch musste er rechnen! Damit wird er schon fertig:

Ich habe aber, ruft er der Menge nun noch lauter, nun noch entschiedener zu, *ich habe mein deutsches Wort gegeben, und ich bitte euch, dieses mein deutsches Wort einzuhalten, denn das deutsche Wort hat bei uns noch Gültigkeit.*

Die letzten Worte hat Magnago mit Kraft und Festigkeit gesprochen. Um sie noch zu bekräftigen, fügt er hinzu: *Wir wollen beweisen, dass wir besser sind als die anderen.* Zwar pfeifen noch Einzelne, doch der Protest geht in dem nun aufbrausenden Beifallssturm völlig unter. Nun weiß er es, und alle wissen es: Der Marsch auf Bozen wird nicht stattfinden.

Pfiffe und empörte Rufe

Nun hat Magnago die Leute im Griff. Nun weiß er, dass er sich vorwagen kann, ja muss, weil man noch klare Worte, an die Adresse Roms gerichtet, hören will. Und die folgen. Der SVP-Obmann rechnet mit Rom schonungslos ab, legt die ganze Doppelbödigkeit der italienischen Südtirolpolitik bloß, erzählt von der Kapitulation der Regierung und ihrer Bozner Vertreter vor den Drohungen der Neufaschisten. Die Kapitulation beweise wohl am besten, ruft er der Menge zu, *wie es heute um die Freiheit in Südtirol bestellt ist.* Dann kommt er zum zentralen Thema, zum sozialen Wohnbau, mit dem der Staat das deutsche Südtirol zu unterwandern versucht. Das Maß, so sagt er, sei nun voll:

Deshalb haben wir uns gesagt, wir müssen jetzt lauter werden, denn bei Schwerhörigkeit kann man sich nur verständlich machen, wenn man laut wird. Deswegen sind wir heute zusammengekommen und können nur versichern, dass wir in Zukunft noch lauter werden, wenn man schwerhörig bleibt.

Im Prinzip, dies weiß Magnago nur allzu gut, sind das einfache, ja sogar eher simple Worte, gar nicht geschliffen, doch ungeheuer wirkungsvoll. Aus den dichten Reihen erheben sich zustimmende Rufe, immer wieder schwillt Beifall auf. *Die Zuwanderung würgt uns in der Heimat ab.* Jetzt, dies spürt er, hat er die Volksmenge endgültig für sich gewonnen. Sie geht nun mit, vertraut sich ihm ganz an. Denn nun spricht er nach ihrem Verständnis. Nun geißelt er den »Betrug des so genannten sozialen Wohnbaues« in Bozen:

Wir wissen zur Genüge, wie man … vorgeht: Es werden einige hundert Wohnungen gebaut, und die Insassen von Höhlen und Baracken erhalten sie zugewiesen. Aber diese Höhlen und Baracken füllen sich, unmittelbar bevor die in den neuen Häusern untergebrachten Einwohner

Magnago, der geborene Redner

Magnago rechnet mit Rom schonungslos ab

Magnago hat die Volksmenge endgültig für sich gewonnen

ausziehen, mit Neuzuwanderern. Und für diese müssen natürlich wieder Wohnungen gebaut werden. Und so geht es ohne Ende.

Zum Ausspruch des Innenministers Tambroni, der aus der Südtiroler Landeshauptstadt eine italienische Großstadt machen wolle, fügt Magnago einen fast gleich lautenden des »Duce« an: Das, so sagt er, habe vor dem Herrn Innenminister bekanntlich auch schon der faschistische Diktator versprochen.

Dies ist die richtige Sprache. Der geborene Redner, der den Inhalt seiner Ausführungen mit weit ausholenden Gesten geschickt zu unterstreichen versteht, kommt nun in sein Element. Wie nie zuvor spürt er, wie er es vermag, die Masse zu lenken, wie sehr er ihre Gedanken bestimmt.

Ich lese auf den Spruchtafeln die Aufschrift »Los von Trient«. Wir wollen keine Regionalautonomie mit der Provinz Trient. Uns steht aufgrund des Pariser Vertrages eine Autonomie für Südtirol allein zu. Stürmischer Beifall begleitet die Ankündigung, dass die SVP-Parlamentarier in Rom »umgehend« einen Gesetzentwurf zur Schaffung und Verwirklichung einer Landesautonomie einreichen würden. Sensationell ist dies gewiss nicht, doch die 35.000 Menschen in Sigmundskron klammern sich verzweifelt an diesen Hoffnungsschimmer. Immer nachdrücklicher hämmert der SVP-Obmann nun seine Worte zu einem Konzept des völkischen Widerstandes. Trotz seiner Unpässlichkeit, trotz der Folgen einer verschleppten Grippe, kommt nun die ganze Dynamik, die ganze Energie dieses von außen so zerbrechlich wirkenden Mannes zum Vorschein.

Die Zuwanderung habe bisher nur den Kommunismus gefördert und die Neufaschisten durch Stimmengewinne bei Wahlen ermutigt, sagt er. Es könne nicht im Interesse des freien Europa sein, wenn sich in Südtirol eine gefährliche Zelle des Kommunismus bilde, wenn sich in Südtirol immer mehr das »weltanschauliche Bild« ändere. Dies ist

Gesetzentwurf zur Schaffung und Verwirklichung einer Landesautonomie

vor allem an die Adresse der ausländischen Journalisten gerichtet. Mit ideologischen Argumenten können sie ihre Leser am besten davon überzeugen, warum die Südtiroler so großen Wert auf die Erhaltung ihrer Volkssubstanz legen. Rom, so fordert er, wieder von Beifall unterbrochen, solle doch gefälligst den Betrag, den es für die »Italienität« in den Grenzzonen ausgebe, zur Förderung der Minderheiten einsetzen. Damit könne man endlich europäische Haltung beweisen. Auch ein Appell an Österreich bleibt nicht aus. Er behält für die nächsten Jahrzehnte Gültigkeit:

Energische Aufforderung an Österreich

Bei dieser Gelegenheit fordere ich die österreichische Regierung auf, sich noch energischer als bisher für die Durchführung des Pariser Vertrages einzusetzen und nicht alles auf die lange Bank schieben zu lassen. Sie muss die Verhandlungen zu einem Ergebnis führen oder andernfalls andere Wege gehen. Die Österreicher dürfen nicht dem Charme der italienischen Politiker verfallen und sich nicht beschwichtigen lassen …

Abschließend mahnt er die Südtiroler, *für die Heimat zu opfern und zu arbeiten.* Man dürfe die Hände nicht in den Schoß legen, denn sonst verlöre man die Berechtigung, das Ausland anzusprechen: *Verlassen müssen wir uns vor allem auf die eigene Kraft!* Diese Erkenntnis ist ein fester Bestandteil seines politischen Credos, seiner menschlichen Überzeugung.

Besinnung auf die eigene Kraft

Später wird er einmal sagen: *Um bestehen zu können …, braucht es … folgende Eigenschaften: Mut und Vertrauen auf Gott, aber auch Vertrauen auf die eigene Kraft, Kameradschaft und Gemeinschaftssinn, aber auch Selbstbewusstsein, Vertrauen auf die Macht des Rechtes, aber auch Einsatzfreude und Opferbereitschaft für die Durchsetzung und Wahrung unserer Rechte, Härte im Durchhalten und Ausdauer, aber auch Verständnis für den Nächsten und Hilfsbereitschaft …*

Später, in den Jahren des wirtschaftlichen Wohlstandes, als man sich immer mehr dem Wahn des unbegrenzten Wirtschaftswachstums hingibt, wird er zum vielfach unbequemen, doch hartnäckigen Mahner gegen die »moralische Verfettung«, gegen den »Götzen des Materialismus«. Die Bedrohung durch den äußeren Gegner ist mit der Erweiterung der Landesautonomie und mit der Stärkung der deutschen und ladinischen Volksgruppe in den Hintergrund gerückt. Dafür gilt es, einen anderen Feind zu erkennen und rechtzeitig zu bekämpfen:

Mahner gegen die moralische Verfettung

Wir stehen – jeder von uns und wir alle zusammen – im Kampf gegen einen inneren Feind, gegen den Feind in uns selbst, der Materialismus, Habgier, Genusssucht, Egoismus und Rücksichtslosigkeit heißt. Es ist nicht leicht, ihn zu besiegen, denn wir müssen dazu auf weite Strecken unser Wertdenken ändern.

Magnago könnte nun seine Rede beenden. Die Korrektheit gebietet es jedoch, der aus allen Teilen des Landes zusammengeströmten Bevölkerung den Text der Protestresolution des Parteiausschusses zur Kenntnis zu bringen. Er zieht sie aus der Rocktasche und verliest sie:

Der »Mann von Sigmundskron« hat gesprochen

Das Südtiroler Volk, verbannt aus der Landeshauptstadt, hat sich heute an derselben Stätte zusammengefunden, von welcher es schon einmal an die Welt einen Appell um Recht und Gerechtigkeit gerichtet hat … Sinn und Zweck dieses (Pariser) Vertrages ist es, Südtirol als deutsches Land seiner angestammten Bevölkerung in ihrer geschichtlich gewordenen Einheit zu erhalten. Das Südtiroler Volk stellt fest, dass dieser Sinn und Zweck bis heute nicht erfüllt, sondern eher in sein Gegenteil verkehrt worden ist … Das Südtiroler Volk sieht sich so, elf Jahre nach Abschluss des Vertrages, in seiner Existenz immer mehr bedroht … Das Südtiroler Volk appelliert an Österreich, das im Pariser Vertrag den Schutz der Südtiroler Volksgruppe übernommen hat, sich mit ganzer Kraft und allen Mitteln … einzusetzen. Sollten unmittelbare Verhandlungen zu keinem

Ergebnis führen, so fordern wir Österreich schon heute auf, vor den geeigneten internationalen Instanzen Recht und Gerechtigkeit für Südtirol zu verlangen.

Damit sind die Weichen für die Südtirolpolitik der nächsten Jahre, ja Jahrzehnte gestellt. Bäuerliche Vertreter der Partei schlagen zwar noch vor, die Resolution des Parteiausschusses zu einer kürzeren, inhaltlich beinahe gleichen, umzuformulieren. Doch ihr Antrag, der auch die Forderung nach Selbstbestimmung enthält, geht in der Menge unter. Denn die rund 35.000 Menschen sind schon im Morgengrauen von daheim aufgebrochen, um noch rechtzeitig nach Sigmundskron zu kommen. Während sich die ersten Menschenknäuel bereits diszipliniert auf den Heimweg machen, wendet sich Magnago nun zur Treppe und steigt langsam herunter. Lang anhaltender Beifall begleitet ihn. Von nun an wird er der »Mann von Sigmundskron« sein.

Weichen für die Südtirolpolitik der nächsten Jahre sind gestellt

Es ist bereits Mittag geworden. Auf dem Schlosshügel werden allmählich die Tiroler Fahnen eingezogen. Das Heimatlied klingt an. Langsam zerstreuen sich die Massen. Auch der Obmann lässt sich in den Fond seines Wagens fallen. Nun löst sich der Alpdruck. Der Tag von Sigmundskron ist zu Ende. Doch die Sorgen werden bleiben. Auf der Heimfahrt überlegt er schon, was nun geschehen muss. Heute hat die Partei ein ganzes Volk mobilisieren und zusammenhalten können. Er war als Obmann die dazu notwendige Klammer. Sigmundskron ist eine verpflichtende Last. Jetzt wird ihn die Südtirolfrage wohl nicht mehr aus seinem Leben entlassen. Noch kann er die Bedeutung dieses denkwürdigen Tages, der einen entscheidenden Wendepunkt in der Südtiroler Nachkriegsgeschichte, aber auch in seinem Leben darstellt, nur dunkel ahnen. Dieser Tag, dies spürt er, wird Geschichte machen. Später werden einmal 35.000 Menschen aus allen Tälern und Bevölkerungsschichten mit

Dieser denkwürdige Tag wird in die Geschichte eingehen

Stolz bekennen, am 17. November 1957 in Sigmundskron dabei gewesen zu sein.

Den Mantel um die Schultern geschlagen, sitzt er nun in seinem Wagen. Jetzt friert er. Er spürt die Erschöpfung, die Grippe. Er fühlt sich ausgelaugt; aber auch glücklich. Und ein wenig zufrieden. Denn die Südtiroler und er an ihrer Spitze haben die Bewährungsprobe bestanden. Sie haben vor aller Welt Zeugnis abgelegt. Wieder sind die Straßen nach Bozen verstopft. Alle Autos, die nicht in die Landeshauptstadt, ins Eisack- oder ins Pustertal fahren, werden von Polizeipatrouillen angehalten. Es kommt zu Wortgeplänkeln. Doch nicht zu mehr. Und dies allein zählt. Ein Volk hatte gesprochen. Magnago war nun sein Sprachrohr gewesen. Nur das Volk zählte, denkt der »Obmann«. Da war es Zeit, wieder in den Hintergrund zu treten.

Ein Volk hatte gesprochen – Magnago war sein Sprachrohr

Schon 1946 hatte in Sigmundskron eine kraftvolle Demonstration der Südtiroler Bevölkerung stattgefunden. Der Ruf nach Selbstbestimmung verhallte jedoch ungehört. Bei der zweiten Volkskundgebung stand der Ruf nach Autonomie für Südtirol im Vordergrund – ohne die von Alcide Degasperi als »Zwangsjacke« erfundene Region Trentino-Südtirol. Mit Sigmundskron begann Südtirols »langer Marsch« zu mehr Eigenständigkeit.

»Tirol den Tirolern! Weniger Worte, mehr Taten!« An diesen und ähnlichen Spruchbändern und Plakaten zeigte sich, dass die Geduld der Südtiroler am Ende war. Italien hatte in vielerlei Hinsicht die Politik des Faschismus auch nach dem Krieg heimlich weitergeführt. Die Angst, von den italienischen Zuwanderern in der eigenen Heimat überfremdet zu werden, war von Jahr zu Jahr gewachsen. Zorn, Resignation und Pessimismus machten sich breit und forderten ein starkes Signal. Ebendies war Sigmundskron.

Zweites Kapitel

Das Trauma des Faschismus

Das Trauma des Faschismus wirkt in Südtirol noch heute nach. Das Regime Mussolini wollte das deutsche Land und dessen jahrhundertealte Kultur zerstören und darüber einen nationalen italienischen Mantel stülpen. Dass dies trotz aller Versuche und Zwangsmaßnahmen in den Jahrzehnten der faschistischen Diktatur nicht gelang, gehört zu den eindrucksvollsten Kapiteln der jüngsten Landesgeschichte. Auch für Magnago war die Zeit des Faschismus ein traumatisches Erlebnis, das er nie mehr ganz verdrängen konnte.

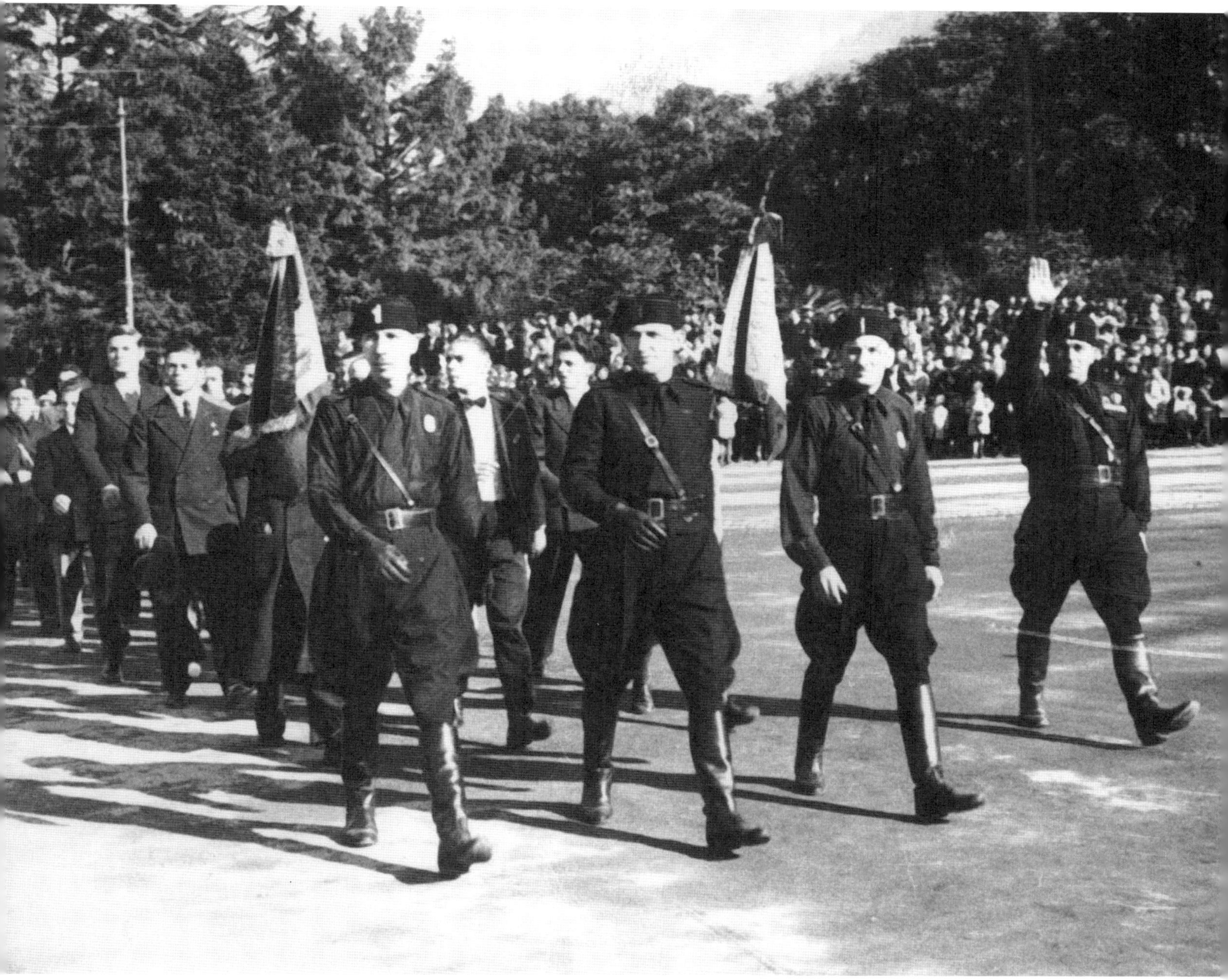

Die Faschisten ermorden am 24. April 1921 den jungen Marlinger Lehrer Franz Innerhofer. Diese Tragödie, die als »Bozner Blutsonntag« in die Geschichte Südtirols eingeht, wird zu einem Schlüsselerlebnis für den Volksschüler Silvius Magnago.

■ Silvius Magnago kommt am 5. Februar 1914 zur Welt, in jenem Schicksalsjahr Europas, in dem der Wahn eines aufgepeitschten Nationalismus in die Tragödie des Ersten Weltkrieges einmündet. Am 4. Juli, nur wenige Monate später, findet auch die letzte ordentliche Sitzung des Tiroler Landtages in Innsbruck statt. Im gleichen Jahr – das Abendlicht, das auf die österreichisch-ungarische Monarchie fällt, wird nur von wenigen bemerkt – wird nach jahrelangen Verhandlungen neben den »privilegierten Ständen« auch eine »allgemeine Wählerklasse« für den Tiroler Landtag eingeführt. Von den 75 Landtagssitzen entfallen auf sie 21. Tirol ist noch groß, es reicht von Kufstein bis Ala und ist als Kernland der Monarchie absolut kaisertreu. Jeder Tiroler, der mindestens 24 Jahre zählt, darf nun, unabhängig von seiner Steuerleistung, wählen. Das Land südlich des Brenners soll diese »volle demokratische Form der Gemeindeverwaltung«, wie sie Magnago einmal in einer Rede bezeichnet, allerdings nie erleben.

Letzte ordentliche Sitzung des Tiroler Landtages

Magnago ist gebürtiger Meraner. Sein Vater, Silvius Magnago, wirkt in der Passerstadt als Bezirksrichter. Er ist Welschtiroler, dessen Vorfahren aus der Valsugana stammen. Magnago senior verlebt seine Kindheit in Rovereto, studiert und maturiert jedoch bereits am deutschen Franziskanergymnasium in Bozen. Einige Jahre später wird dem »tirolensem tridentinum« (wie er in der Promotionsurkunde bezeichnet wird) in Innsbruck der Doktortitel der Jurisprudenz verliehen. In Meran lernt der junge Be-

Magnagos Kindheit in der Talferstadt

zirksrichter eines Tages ein hübsches Mädchen aus Bregenz kennen. Helene Redler verbringt in Begleitung ihres Bruders Ferdinand dort, im sonnigen Süden Tirols, ihren Urlaub. Die jungen Leute finden Gefallen aneinander, 1911 verloben sie sich, ein Jahr später findet die Hochzeit statt. Das Ehepaar wohnt in der »Villa Marchetti«. Dort kommen zuerst ein Mädchen, Maria, dann, 1914, endlich auch der lang ersehnte Bub zur Welt.

Bereits ein Jahr später wird Magnagos Vater befördert und zum Landesgericht in Bozen versetzt. Die Familie nimmt in der Talferstadt ihren Wohnsitz, wo 1916 Magnagos jüngere Schwester Selma auf die Welt kommt. Der Bub erlebt eine harmonische Kindheit, Nestwärme, Geborgenheit. Magnago ist wohl auch deshalb überzeugt, dass sich die Weltanschauung eines Menschen zu einem »großen Teil« aus Kindheitserfahrungen formt. Die Kindheitserlebnisse haben auf seinen weiteren Lebensweg eine bedeutende Wirkung. Denn sie beeinflussen entscheidend die seelisch-geistige Entwicklung, die Formung des Menschen zur Persönlichkeit:

Geborgenheit in der Familie und harmonische Kindheit

Viele Revolutionäre und Verbrecher – hat er bei der Zwanzigjahrfeier des Südtiroler Kinderdorfes in Brixen Ende Juni 1976 gemeint – *sind so geworden, weil ihnen als Kind nur Hass und Verlassenheit begegneten, weil ihnen als Kind die Liebe und Geborgenheit fehlten. Wie herrlich ist es hingegen, wenn ein Mensch die Geborgenheit findet, die er braucht, um geistig und körperlich im Vertrauen zum Mitmenschen heranzureifen. Wie gut ist es, wenn einem Kind schon von den ersten Jahren an in einer liebevollen Umgebung die Schönheit der Welt erschlossen wird, in der es Sicherheit und Vertrauen gewinnt. Wenn ein Kind in einer geordneten Gemeinschaft heranwächst, wird es durch eigene Einsicht selbst zu einem nützlichen Mitglied der menschlichen Gesellschaft.*

Silvius wächst in einer solchen intakten Familie heran. Das Bild einer »guten Gemeinschaft« ist in ihm auch nach so vielen Jahrzehnten noch lebendig geblieben. Die Eltern sind zwar streng, aber gerecht und im entscheidenden Augenblick voller Güte. Die erste Kindheitserinnerung Magnagos, die er sich noch, »am Abend meines Lebens«, unverändert frisch bewahrt hat, geht auf das Jahr 1918 zurück. Zweimal wird in der Nacht »Flugzeugalarm« gegeben! Die Kinder werden in den Keller gebracht, was sie als »furchtbare Gaudi« empfinden. Der Bub beobachtet vom Küchenbalkon aus auch den Rückzug der ruhmreichen k. u. k. Armee. Die Brennerstraße ist von den Soldaten verstopft, die für »Gott, Kaiser und Vaterland« tapfer, wenn auch letzten Endes vergeblich, die Grenzen Tirols verteidigt haben.

Erste Kindheitserinnerung: Flugzeugalarm

Der kleine Bub kann damals nicht ahnen, dass er damit Augenzeuge einer der großen historischen Tragödien dieses Jahrhunderts geworden ist. Unter den Schlägen eines nationalistisch geprägten Fortschrittsglaubens zerbricht die Monarchie. Das Reich wird mit der Schere so zerstückelt, dass dem kleinen Rest Österreich, dem »Staat, den niemand wollte«, jede Lebens- und Überlebensfähigkeit abgesprochen wird. Gegen besseres Wissen und jede Einsicht wird auch das Kernland Tirol zerrissen. Am Brenner geht der Vorhang nieder. Der Friedensvertrag von Saint-Germain besiegelt nach 555 Jahren die Teilung Tirols. Am 10. Oktober 1920 wird Südtirol dem italienischen Staat einverleibt. Aus dem Glockenkarkopf im hintersten Ahrntal wird die »Vetta d'Italia«, der neue Wallfahrtsort all jener, die sich nun berufen fühlen, die angeblich von Gott gewollte »heilige Grenze« für alle Zeiten zu verteidigen.

Die Tragödie: Tirol wird geteilt

Friedensvertrag von Saint-Germain besiegelt Teilung Tirols

Bald spürt auch der Bub, dass sich in der Heimat manches verändert hat. In seinem Elternhaus ist nie ein italienisches Wort gesprochen worden. Die ersten drei Volksschuljahre hat der kleine Silvius noch in seiner deutschen Muttersprache absolviert. Dann muss er plötzlich in eine italienische Schule wechseln! Er ist deshalb gezwungen, Nachhilfestunden zu nehmen, um sich die erforderlichen Italienischkenntnisse anzueignen. Was ist geschehen? Magnagos Vater war während seines ganzen Wirkens als k. u. k. Landesgerichtsrat *nur* im deutschen Teil Tirols eingesetzt gewesen. Als er von der faschistischen Verwaltung übernommen wird, beginnt man sofort, auf ihn Druck auszuüben: *Sie werden als Staatsbeamter doch nicht Ihre Kinder weiterhin in die deutsche Schule schicken!* Dies ist keine Frage, keine Feststellung, sondern eine versteckte Drohung. So muss sich Magnagos Vater, um der Gefahr der Versetzung südlich der Sprachgrenze zu entgehen, in das Unvermeidliche fügen. Ab diesem Zeitpunkt beginnt eine Phase der Bespitzelung, die dem Buben bald jenen Abscheu vor dem Faschismus einflößt, der ihm auch heute noch tief in der Seele sitzt.

Die Zeit des Faschismus wird für Magnago zum traumatischen Erlebnis, das er nie mehr ganz verdrängen kann. Quästurbeamte erscheinen im Elternhaus, um die Kinder auszuhorchen. Ob man daheim Deutsch rede? Ob sich der Vater über Italien äußere? Im italienischen Gymnasium am Bozner Dominikanerplatz wird streng darauf geachtet, dass die Schüler in den Pausen nicht Deutsch miteinander reden; jeder Verstoß gegen diese Regel wird gerügt und bestraft. Wie viele Südtiroler Kinder erhält auch der Bub eine Art doppelten Unterricht – vor allem in Geschichte. Die faschistischen Lehrer schildern etwa den letzten Kaiser des Vielvölkerreiches nur als grausamen Unterdrücker, als »Henker« italienischer Patrioten. Daheim erklärt ihm sein Vater dann die wirklichen Zusammenhänge. Er schildert ihm die zwar strenge, doch gerechte und in mancher Hinsicht sogar mustergültige österreichische Verwaltung. Er flößt ihm Ehrfurcht vor dem langsam Gewachsenen,

Alles Deutsche wird verboten

Im italienischen Gymnasium wird streng darauf geachtet, dass nicht Deutsch gesprochen wird

vor der Tradition ein und vermittelt dem jungen Silvius jenes tief schürfende Geschichtsbewusstsein, das ihn stets auszeichnete. Als man seinen Vater 1929 nach Mailand versetzen will, zieht es dieser vor, vorzeitig aus dem Dienst auszuscheiden. Zur vollen Pension fehlen ihm noch einige Dienstjahre. Deshalb arbeitet er als Rechtsanwalt in einem Büro unter den Bozner Lauben.

Zu einem Schlüsselerlebnis wird für den Volksschüler Magnago ein Ereignis, über das man wochenlang im ganzen Land redet. Es ist die Tragödie des 24. April 1921, die als der »Bozner Blutsonntag« in die Geschichte Südtirols eingeht. Die Ermordung des jungen Marlinger Lehrers Franz Innerhofer wird zum ersten Fanal einer Epoche, die namenloses Leid über die Menschheit bringt. Zuerst über das deutsche Land an Etsch und Eisack, dann über ganz Italien und Deutschland und schließlich über Europa und die Welt. In Bozen spürt man an diesem Tag die spannungsgeladene Atmosphäre. Das friedliche Bild der Talferstadt, in die zum Ausklang der Bozner Messe Leute aus allen Teilen Südtirols gekommen sind, täuscht. Denn faschistische Schlägertrupps von auswärts sind munter dabei, die »Tedeschi« in ihren schmucken Trachten zu provozieren. Unter dem »Vorwand der Verteidigung der Nation« *(Magnago)* wird am Nachmittag ein Umzug auf dem Obstmarkt gesprengt und auf die wehrlosen Teilnehmer eingeprügelt. Wie schon Tage zuvor, erweisen sich die Ordnungskräfte der Situation nicht gewachsen. Das Café »Kusseth« gleicht bald einem Lazarett. Innerhofer ist als Tambourmajor der Musikkapelle seines Heimatdorfes nach Bozen gekommen. Er hat auch einige Buben mitgebracht, die er nun über die Museumstraße und Rauschertorgasse eilends in Sicherheit zu bringen versucht. Besonders der kleine Hans Theiner liegt ihm am Herzen, denn dessen Eltern haben ihn eigentlich nur auf seine Bitte hin

Der »Bozner Blutsonntag«

Die Faschisten sprengen Umzug auf dem Obstmarkt

nach Bozen mitfahren lassen. Er nimmt ihn auf den Arm und läuft zum Ansitz Stillendorf oberhalb der Herz-Jesu-Kirche. Hier hat Innerhofer als Schüler selbst einmal einen Kostplatz gehabt. Die Gegend ist ihm deshalb wohlvertraut. Im Flur des Hauses ereilt ihn dann sein Schicksal: Faschistische Schläger haben durch das Gitter des Tores auf den jungen Lehrer geschossen und ihn tödlich getroffen. Der kleine Hans Theiner wird von Josef Menz-Popp aus dem Ansitz geholt und in Sicherheit gebracht.

Faschistische Schläger schießen auf Lehrer Franz Innerhofer und treffen ihn tödlich

Der »Bozner Blutsonntag«, der Tod Innerhofers und die Trauer um ihn und rund fünfzig zum Teil schwer verletzte Landsleute wird für den Buben Magnago zum »schicksalhaften Tag« oder, wie er in einer Gedenkrede auf den Marlinger Lehrer ein halbes Jahrhundert später sagen wird, *zum Markstein des Lebens,* denn *wir alle haben die faschistische Diktatur in Jahren tiefster Not unserer Heimat erlitten.*

Doch noch lassen sich die Südtiroler von dieser ersten Demonstration faschistischer Gewalt nicht einschüchtern. Die Leiche des Ermordeten wird um drei Uhr morgens von Gries aus in einem »Triumphzug« des völkischen Aufbäumens durch das Burggrafenamt geführt. Er endet bei Fackelschein in Marling, wo der tote Sohn der Heimat aufgebahrt wird. Die Empörung der Bevölkerung über diese Schandtat ist so groß, dass sich die Faschisten sogar für einige Zeit aus Bozen zurückziehen müssen. Rund 8000 Südtiroler kommen bereits am Tag nach der Ermordung Innerhofers zu einer Protestversammlung in die Talferstadt! Nun bedauern auch die italienischen Behörden den Vorfall, die gleichen Behörden, die von den dunklen Absichten der Faschisten bereits vorher informiert waren, doch nichts Wirksames dagegen unternehmen. Die Südtiroler Proteste bleiben wirkungslos, ihrer Forderung, die Schuldigen zu bestrafen, wird nicht entsprochen. Daraus wird Magnago den Schluss ziehen:

Trauer und Empörung

Protest von 8000 Südtirolern wegen der Ermordung Innerhofers

Später haben wir nach unzähligen Entschließungen und nach ebenso vielen Lippenbekenntnissen italienischer Politiker und verantwortlicher Beamter erkannt, dass all diese Proteste nichts nützten und nichts nützen, wenn wir nicht selbst bereit sind, jeden Tag unsere Freiheit, die Freiheit unseres Volkes, die Freiheit unserer Sprache, die Freiheit unserer kulturellen und sozialen Entwicklung durch die Tat zu verteidigen.

Magnago hat keine besonderen Erinnerungen an seine Jugend. Nach eigener Einschätzung war er »relativ brav«. Nicht, dass er nicht auch die für dieses Alter typischen Lausbubenstreiche angestellt hätte! Mit Schmunzeln erinnerte er sich daran, wie er aus dem Garten des »Rediffianums« in Meran zweimal zu nächtlicher Stunde Erdbeeren stahl, um sich dann klopfenden Herzens wieder in den Schlafsaal des Konviktes zurückzuschleichen. Bis zur 5. Klasse des bereits verstaatlichten Gymnasiums ist er ein Musterschüler. Später verschlechtern sich seine Leistungen, der Lerneifer lässt zunehmend nach, und bei der Matura fällt er zum großen Kummer der Eltern sogar durch! Ohne es zu wissen, teilt er damit das Los von Winston Churchill und Albert Einstein. Der Vater hält dem jungen Mann eine gehörige Standpauke und hat sich seitdem nie mehr über ihn zu beklagen.

Bis zur 5. Klasse war man damals im »Rediffianum« ein so genannter »Untergimpel«. Als solcher muss man für die Älteren geradezu unterwürfig gewisse Dienste verrichten. Ab dem 5. Kurs erreicht man dann die Würde des »Obergimpels«, die mit gewissen Privilegien verbunden ist. Für den Fünfzehnjährigen ein stolzer Tag. Denn unter anderem darf er nun in der Mittagspause im Hof eine Zigarette rauchen! Zwar schmeckt sie dem Jungen gar nicht, aber er raucht demonstrativ, um zu beweisen, dass er nun den »Untergimpeln« schon turmhoch überlegen ist. Dass er jedoch noch längst kein Mann ist, erweist sich bei einem Ausflug der Zöglinge nach

Die Würde des »Obergimpels« erfüllt den Fünfzehnjährigen mit Stolz

Marling. Nach einem ausgiebigen Marsch sind die von einem Pater begleiteten Schüler in ein Gasthaus eingekehrt, um dort eine »Marende« zu sich zu nehmen. Sie schmeckt vorzüglich, der Weißwein auch, und ehe Magnago es richtig bemerkt, hat er, der den Rebensaft noch nicht kennt, davon »drei Viertelen« getrunken. Danach erinnert er sich freilich an nicht mehr viel. Wie er wieder ins Konvikt gekommen ist, weiß er bis heute noch nicht. Als er in seinem Bett erwacht, steckt er noch in seinen Kleidern. Und in der Schule merkt er, dass er die falschen Schulbücher mitgenommen hat! Seine Mitschüler klären ihn dann auf: Er hat den Pater Regens zu dessen Kummer mit seinem Spitznamen angeredet, den ganzen Tag verschlafen und so für viel Spott gesorgt! Deshalb also die falschen Schulbücher.

Ein Verfechter des »rechten Maßes«

Der junge Magnago zieht daraus seine Lehren. So etwas wird ihm nie wieder im Leben passieren! Das Übermaß, ganz gleich bei welchen Dingen, ist immer von Übel:

Der Wein, so wird er später einmal sagen, sei *ein wundersamer Anreger und kluger Erzieher,* der, mäßig genossen, auf den Menschen einen edlen Einfluss ausüben könne. Im Übermaß hingegen zeige er ihm rasch, *dass die Gesetze und Grenzen des Maßhaltens zum Wohle des Menschen selbst aufgestellt sind, damit das Menschliche schön bleibe und nicht zum Unmenschlichen werde. Das Maß ist mit der Schönheit verbunden, das ist die tiefgründige Regel aller Kultur, vor allem auch der Kultur des Weines.*

Und noch etwas lernt der junge Magnago: Er erkennt den Wert und die Wichtigkeit der Schule als entscheidenden Faktor für die Erziehung und Bildung eines Menschen. Nur als »innerlich freier Mensch«, so meint er heute, habe man die faschistische Zwangsherrschaft überleben können. Die Schule sei die große Lehrmeisterin zur

Die Schule als Lehrmeisterin zur Einordnung des Einzelnen in die Gesellschaft

Einordnung des Einzelnen in die Gesellschaft. Denn man müsse sich selbst Schranken setzen, um frei zu sein:

Wer es nicht lernt, sich den allgemein gültigen Regeln der Gemeinschaft, des Zusammenlebens, der Sitte zu beugen, Achtung zu haben vor dem Mitmenschen, vor den Einrichtungen der Gemeinschaft, der wird noch viel weniger imstande sein, sich selbst Schranken zu setzen und diese ... zu beachten. Denn schwieriger, als anderen zu gehorchen, ist es, sich selbst zu gehorchen, die eigene Leidenschaft, die eigene Willkür im Zaum zu halten. Wer keine anderen Maßstäbe für sein Verhalten hat, wird in überheblicher Weise sich selbst zum Maßstab nehmen: seine Lust oder Unlust, sein Begehren oder seine Verachtung der Dinge, seinen Ehrgeiz oder seine Untätigkeit.

Schwieriger, als anderen zu gehorchen, ist es, sich selbst zu gehorchen

Und im November 1980, anlässlich der Grundsteinlegung der Mittelschule in Kastelruth, prangert dann der Pflichtmensch und Asket Magnago die traurigen Folgen dieser »aus Mangel an Erziehung erzeugten Unfähigkeit« an. Man erkenne sie im Materialismus, in der Unbescheidenheit von Forderung, in der Vergnügungssucht und Rücksichtslosigkeit, im unsozialen Verhalten und schließlich im Alkohol- und Drogenkonsum.

Kastelruth! Ein wohlvertrauter Name, ein Stück Heimat, ein herrlicher Fleck eines schönen Landes. Hier verbringt die Familie Magnago fünfzehn Jahre lang die »Sommerfrische«. Man entrinnt dem heißen Bozen, hat schulfrei und kann sich wieder richtig austoben! Magnago schwelgt noch heute in den Erinnerungen an diese Zeit, vielleicht der schönsten in seinem Leben. Die Familie wohnt in der »Villa Alpenrose« zwischen Seis und Kastelruth. Die Fahrt dorthin wird für die Kinder Ende Juni jedesmal zu einem Erlebnis: Mit dem Zug geht es bis Waidbruck, dann mit der gemieteten Kutsche, mit einem Ein- oder Zweispänner,

Die Idylle der Sommerfrische in Kastelruth

rund zwei Stunden lang über die steile, staubige Straße bis zum ersehnten Ziel.

Und am Wochenende kommt regelmäßig der geliebte Vater! Er ist als Rechtsanwalt in Bozen erfolgreich, so dass er sich 1934 eine geräumige Wohnung in der Villa »Lener« in der Runkelsteiner Straße mieten kann. Die Kinder können das Wochenende, an dem auch ihr Vater eintrifft, meist gar nicht erwarten. Er fährt dann mit dem Zug bis zur Kastelruther Haltestelle; von dort geht er den steilen Weg zu Fuß. Zwei, drei Kilometer, bis zur »Säge« laufen ihm die Kinder entgegen, um ihm dann eine »Überraschung« zu verraten: Sie haben Pfifferlinge für ihn gesammelt, damit ihm die Mutter sein Lieblingsgericht, Pfifferlinge mit Polenta oder Reis, zubereiten kann. Im Laranzer Wald kennen sich die Magnago-Kinder aus, da gibt es Silvius-»Platz'ln« ebenso wie Maria- oder Selma-»Platz'ln«.

Eine herrliche Zeit! Am Montagmorgen begleitet man den Vater wieder bis zur »Säge« und freut sich bereits auf das nächste Wochenende. Manchmal kommen auch Verwandte zu Besuch, etwa der »Onkel Ferdinand«. Er ist inzwischen Statthalter in Bregenz geworden. Später hat er für kurze Zeit das Amt des Landeshauptmannes von Vorarlberg inne, um als Jurist von Rang seine Karriere schließlich als Senatspräsident in Wien zu beenden.

Doch die Idylle von Kastelruth kann nicht darüber hinwegtäuschen, dass die Heimat immer schwereren Zeiten entgegengeht, immer schwerer geprüft wird. Auch daran erinnert sich Magnago: *Zu Beginn jedes Platzkonzertes nach der Sonntagsmesse musste die »Marcia reale« und die faschistische Hymne »Giovinezza« gespielt werden.* Der Junge sieht einmal in Kastelruth voll heimlichen Zorns zu, wie die Carabinieri den Bauern die Hüte vom Kopf schlagen, da sie diese nicht sofort abnehmen wollen! So prägen sich immer mehr Erinne-

Die Heimat geht schwierigen Zeiten entgegen

rungen ein, vertiefen seine Abscheu gegen die menschenverachtende Diktatur.

Am 18. Dezember 1929 – Magnago ist noch nicht ganz sechzehn Jahre alt – senken Kameraden aus der Zeit der sibirischen Gefangenschaft in Salurn einen Sarg in die geweihte Erde. Halb Südtirol ist gekommen, um von Josef Noldin Abschied zu nehmen. Noldin ist ein Opfer der faschistischen Verfolgung, ihrer brutalen Konsequenz, ein deutsches Land für ewige Zeiten zu italienisieren, die Spuren eines reichen kulturellen Erbes nach Möglichkeit für immer auszulöschen. Die Entnationalisierungspolitik im Zeichen des Liktorenbündels hat ein weiteres Opfer gefordert: Kein deutsches Wort, so erinnert sich Magnago, durfte gesprochen werden, kein deutsches Abschiedslied an seinem Grab erklingen. Dafür schämt sich die Menge ihrer Tränen nicht. Man weint um den unbeugsamen Vorkämpfer für die deutsche Schule, die man längst verboten hat. Noldin hat im Untergrund mit vielen unverzagten Helferinnen und Helfern die »Katakombenschule« aufgebaut: In ihr erteilt man den Kindern heimlich jenen Sprachunterricht, ohne den die Faschisten in Südtirol bald ihr Ziel erreichen würden. Von den Spitzeln aufmerksam beobachtet, gehen die Frauen und Männer auseinander. Das Leid einer Familie war zum Leid eines ganzen Volkes geworden. Eines Volkes, das sich immer mehr die bange Frage stellte, ob ihm »das Ureigenste«, nämlich die Muttersprache, erhalten bleiben würde oder ob man mit Josef Noldin nicht auch die deutsche Schule in Südtirol zu Grabe getragen habe:

Wird dieses Grab an der deutschen Sprachgrenze in Salurn auch das Grab der deutschen Sprache in Südtirol werden? Niemand konnte darauf eine Antwort geben, denn die gewaltsame Verfolgung und Unterdrückung der Südtiroler ging ihrem Höhepunkt entgegen.

Ein weiteres Opfer: Josef Noldin

Beeindruckender Abschied von Josef Noldin

Noldin war zum leuchtenden Beispiel der Kraft des zähen passiven Widerstandes der Südtiroler gegen die faschistische Terrorherrschaft geworden. Ein kurzes Leben von nur 41 Jahren war zu Ende gegangen, doch erfüllt vom selbstlosen, ja als selbstverständlich empfundenen Einsatz für die Jugend des Landes. Nach dem Studium hatte Noldin sechs Jahre Krieg und Gefangenschaft erlebt, sieben Jahre lang widmete er sich dem heimlichen Aufbau der deutschen Schule, bevor er, auf Lipari verbannt, von der tödlichen Krankheit befallen wurde. *Er war,* so sagte Magnago, *vom Recht seines Volkes, aber auch von der Kraft dieses Rechtes überzeugt.* Noldin hatte vom Verbannungsspruch erfahren, er hätte sich daher rechtzeitig in Sicherheit bringen, über die Grenze fliehen können. Doch er bleibt: *Ich will es auf mich nehmen,* sagt er, *aber das eine wünsche ich, dass aus meiner Verbannung der Sache Heil erwachse.* Und während der schweren Zeit auf der Insel Lipari, fern der geliebten Heimat, schreibt er am 5. März 1928 in sein Tagebuch:

Ich denke, so geht es allen, die zuerst für ein Ideal leben. Das Persönliche kommt erst in zweiter Linie, zuerst das, wofür man kämpft.

Noldin – unbeugsamer Vorkämpfer für die deutsche Sprache

Noldin nimmt die Verbannung auf sich

Dies sei, so meinte Magnago später, als sich im Dezember 1979 der 50. Todestag Noldins jährte, ein Vermächtnis, das heute genauso aktuell sei wie damals, weil diese Haltung immer eine der bestimmenden Grundlagen für die Erhaltung und Existenzsicherung der Südtiroler darstelle. Noldins Haltung sei eine Mahnung, *gleich wachsam, gleich stark, gleich aufrecht und vor allem gleich hart mit uns zu sein.*

Noldins Vermächtnis lebt weiter

Magnago hat sich stets bemüht, dieser Haltung gerecht zu werden. Den jungen Mann bedrückt die Ungerechtigkeit, der man ausgeliefert ist, beeindruckt aber auch der unnachahmliche passive Widerstand der ganzen Südtiroler Bevölkerung, die sich durch all die faschistischen Drangsalierungen nicht in die Knie zwingen lässt. Im Gegenteil, man rückt nur noch enger zusammen! Am Beispiel Noldins und anderer aufrechter Frauen und Männer richtet sich die Jugend auf, bewahrt Haltung und Würde. In den »Katakombenschulen« unterrichten zwischen 1924 und 1940, und im Unterland bereits seit 1921, Hunderte von Lehrerinnen und Lehrern heimlich die Kinder in der deutschen Sprache. Und auch viele Religionslehrer leisten dazu einen wertvollen Beitrag. Der Vernichtungsfeldzug der faschistischen Machthaber kann der deutschen Volksgruppe zwar schwere Wunden zufügen, doch an dieser Haltung zerschellt er. Zwar wandern Zehntausende Italiener zu, überschwemmen vor allem Bozen, das gegen alle wirtschaftliche Vernunft mit einer eigenen Industriezone bedacht worden ist. Doch die pathetisch-nationalistische Hohlheit des »Siegesdenkmals« in der Talferstadt mit seiner beleidigenden Inschrift verstärkt nur noch den Abwehrwillen.

Geheimunterricht in den »Katakombenschulen«

Entscheidend aber ist die Behauptung an der Sprachfront. Der junge Magnago erlebt dies selbst, wird Zeuge dieses Ringens. Später wird er deshalb nicht müde, diesen Kampf um die Erhaltung der Muttersprache, an dem Männer wie Kanonikus Michael Gamper und Hochwürden Josef Ferrari entscheidenden Anteil haben, der Jugend immer wieder vor Augen zu führen:

Kampf um Erhaltung der Muttersprache geht weiter

Denn alle Freiheit, alle Güter der Erde nützen dem Menschen nichts, wenn man ihm sein Wesen nimmt. Das Wesen der Menschen aber findet seinen vollkommensten Ausdruck in der Sprache. Sie ist einerseits der Rohstoff für die Gedanken, die sich ja nur aus Begriffen, aus Worten bilden lassen, und sie ist zugleich das Mittel, um der geistigen Welt eines Menschen Ausdruck zu verleihen, das heißt, die Innenwelt der Seele nach außen sichtbar und mitteilbar zu machen. Diese Innenwelt beginnt sich im Kinde mit den ersten Worten der Muttersprache zu bilden und formt sich mit der Sprache eines Menschen sein ganzes Leben lang weiter. Sie formt sich in den Menschen gleicher Muttersprache auch in grundsätzlich gleicher Weise, da sie aus den gleichen Begriffen kommt. Darum ist die gemeinsame Sprache eines Volkes der Ausdruck einer gemeinsamen Geisteswelt, eines gemeinsamen Denkens und Fühlens.

Der Faschismus fühlt sich stark genug, seine Zielsetzung direkt beim Namen zu nennen. In einem programmatischen Entwurf heißt es wörtlich, nachdem nun Lehrer und Priester italienisch seien, dürfe das Kind »nicht in der deutschsprachigen Familie gefangen bleiben«. Man müsse es daher für den Sport begeistern, »es in eine gesunde Erziehungswelt rein italienischen Charakters« bringen und seine Aufnahme in die faschistische Kinderorganisation »Balilla« fördern. Dies würde dazu beitragen, »Herz und Sinn der Kinder zu italienisieren«. Und als auch diese Bemühungen nicht den erwarteten Erfolg bringen, macht der faschistische Kreuzzug gegen die deutschen Südtiroler schließlich selbst vor den Grabsteinen nicht mehr Halt. Aus Josef wird Giuseppe, aus Alois Luigi …

Deutsche Namen auf Grabsteinen verboten

Dabei hat man richtig erkannt, den Sport als Angelpunkt zu nützen. Denn damals, noch mehr als heute, war die Jugend ungeheuer sportlich begeistert. Dies gilt auch für den jungen Magnago. Er bringt es in einigen Sportarten zu beachtlichen Leistungen. Seine Liebe gilt vor allem der »Königin« Leichtathletik. Aber nicht weniger gern unternimmt er lange Radtouren und Wanderungen in die herrliche Bergwelt, die einem auch von den Faschisten nicht genommen werden kann. Das Wandern und Bergsteigen erfordert Kameradschaft, Hilfsbereitschaft, Rücksicht auf und Einsatz für den anderen. Vor allem aber lernt der junge Mensch Ehrfurcht vor der Natur, vor der Allgewalt der Schöpfung.

An diese Zeit der Bergwanderungen dachte Magnago noch kurz vor seinem Tod gern zurück. Ja, er kam geradezu ins Schwärmen, wenn er von einer »Rekordtour« erzählte, an die er sich noch gut erinnern konnte. Mit 16 oder 17 Jahren absolvierte der magere, schon damals ungemein zähe Bursche von seinem Sommerfrischort Kastelruth aus gemeinsam mit einem Bekannten einen richtigen Gewaltmarsch: Um dreiviertel fünf Uhr morgens starten sie in Richtung Seiser Alm. Es geht beim »Frommer« vorbei zum »Dialer«, dann den Friedrich-August-Weg hinüber zum Sellajoch. Dort wird erstmals eine Rast von rund zehn Minuten eingelegt, ein Brot verzehrt. Dann macht man sich wieder auf den Weg. Es geht weiter zur Boéhütte, auf die Boéspitze, von wo aus man auf 3151 Meter Höhe einen einmalig schönen Rundblick über die Dolomiten genießt. Magnago konnte sich an diesem großartigen Blick nicht satt sehen:

Ein 18-stündiger Gewaltmarsch

Es bemächtigte sich meiner ein Gefühl der Harmonie, der Schönheit, der Entspannung vor der Ausgeglichenheit zwischen der ursprünglichen Naturlandschaft und ihrer menschlichen Besiedlung. Dieses Gefühl empfinden wir überall dort, wo die Schönheit der Natur noch nicht gestört ist, und das ist sie dann nicht, wenn auch die vom Menschen geschaffene Veränderung der Umwelt mit einer ursprünglichen, fast möchte ich sagen, instinktiven Einfühlung des Menschen in die Natur erfolgt.

Auf dem Gipfel wird um die Mittagszeit eine kurze Rast eingelegt, dann drängt Magnago bereits ungeduldig wieder zum Abstieg. Man erreicht die Pisciadúhütte, das Grödner Joch, dann marschiert man über Wolkenstein, Sankt Christina und Sankt Ulrich und über den Panider Sattel nach Kastelruth zurück. Vor allem das letzte Stück Weg über die harte Schotterstraße durch Gröden ist furchtbar ermüdend. Magnagos Freund ist schon so erschöpft, dass er nicht mehr weitergehen will. *Im Dunkel meinte er schon einige Mal den Schlern zu sehen, als dieser noch lange nicht in Sicht war. Er weint, bis ihn Magnago anschreit, er solle sich doch schämen, so ein Schwäch-*

ling zu sein. Brutal treibt er ihn an; er solle doch nicht »schlapp machen«! Den letzten Teil des Weges muss er ihn freilich schon halb ziehen, denn »er war fix und fertig«. Eine Stunde vor Mitternacht ist der Rekordmarsch zu Ende. Der junge Magnago hat seinen stählernen Willen, seine Ausdauer und die Hartnäckigkeit, ein gestecktes Ziel auch zu erreichen, unter Beweis gestellt. Diese Eigenschaften werden ihm auch später – im politischen Alltag – zugute kommen. Todmüde fällt nun auch er ins Bett. Um so größer ist am nächsten Tag sein Erstaunen und sein Ärger, dass sich sein Begleiter bereits am Morgen bei ihm meldet, sich ausgeruht zeigt und ihm fröhlich Vorhaltungen wegen seines Muskelkaters macht.

Der letzte Teil des Weges wird zur Qual

Das Wandern und Bergsteigen gibt dem jungen Magnago viel Kraft. Der Einzelgänger lernt das wichtige Gebot der Kameradschaft, auch wenn er in der Wahl seiner Freunde schon damals zur Vorsicht neigt. Vor allem aber vermittelt ihm die Natur jene Genügsamkeit, jenes Nicht-abhängig-Sein von materiellen Gütern, die er im Laufe seines Lebens immer mehr zum Prinzip erheben wird:

Der Einzelgänger lernt das wichtige Gebot der Kameradschaft

Ich habe noch keinen Fresssack auf einen Berg steigen sehen, sagte er im September 1978 vor der Alpenvereinsjugend im Tierser Tschamintal, *aber schon manchen, der nur ein Stück Brot in der Tasche hatte. Auch hierin liegt eine große Schule für das Leben. Nicht der Überfluss, nicht der materielle Wohlstand machen uns glücklich, sondern das bescheidene Leben, das uns die Einheit mit der Natur empfinden lässt. Befriedigung gibt uns das Füreinander-Eintreten, das innere Erlebnis der Gemeinschaft und nicht zuletzt – das wisst ihr selbst, wenn ihr vom Berg kommt – das Bewusstsein der eigenen Leistung. Denn das Bergerlebnis wird niemandem geschenkt, sondern es muss mit der eigenen Leistung oft auch hart erkämpft werden.*

Im November 1936 wird Magnago zum Militär einberufen. Wer im Besitze der Matura beziehungsweise an einer Hochschule einge-

Im November 1936 kommt Magnago zum Militär

schrieben ist, besucht automatisch die Reserveoffiziersschule. Sie dauert ein halbes Jahr; drei Monate später wird man zum »aspirante sottotenente« (Leutnantsanwärter), wieder drei Monate später zum »sottotenente di complemento« (Reserveleutnant) befördert. So fährt der noch nicht ganz 22 Jahre alte Magnago eines Tages nach Palermo. Die Fahrt in die sizilianische Hauptstadt ist ebenso lang wie strapaziös. Die Rekruten dürfen nur die dritte Zugklasse benützen, und die ist so voll, dass der junge Mann die damals zwei Tage und zwei Nächte lange Reise fast immer stehend verbringt. Magnago ist vorher gemustert worden: Er misst 1,86 Meter. Jahre später, bei der etwas genaueren deutschen Musterungskommission, wird man ihm davon einen halben Zentimeter abziehen! Am Abend erreicht er todmüde die Kaserne in Palermo, wo er sofort zum »Stubenältesten« (capo camerata) ernannt wird. Magnago hat allerdings keine Ahnung, welche Aufgaben damit verbunden sind. Als »Capo« hätte er die Pflicht, unter anderem im Schlafsaal für Ruhe und Ordnung zu sorgen.

Der erste Eindruck ist katastrophal. Die Betten sind dreckig, die Leintücher verschmutzt, und überall wimmelt es von jenen kleinen »Viechern«, die man gemeinhin Wanzen zu nennen pflegt! Der ordnungsliebende Rekrut aus Südtirol ist entsetzt, denn mit Ungeziefer hat er bislang – gottlob! – noch nie etwas zu tun gehabt. Doch da er todmüde ist, wirft er sich halb angezogen auf das Bett und schläft sofort ein. Er hört nicht mehr, dass inzwischen zum »Silenzio« geblasen wird. Italienische Rekruten sind ein munteres Völkchen; ohne Aufsicht kümmern sie sich nicht um das Gebot der absoluten Ruhe und plappern weiter. Vor allem die Wanzenplage lädt zu saftigen Kommentaren ein! Da kommt der Dienst habende Offizier. Der Lärm hat ihn herbeigelockt. Er sieht den »Saustall«, fragt barsch, wer hier »Stubenältester« sei. Der lange, hagere Kerl aus dem »Alto Adige« ist

Rekruten kümmern sich wenig um das Gebot der absoluten Ruhe

es! Magnago wird unsanft geweckt, ebenso sein gleichfalls tief schlafender Stellvertreter aus Sizilien. In den Arrest! So lautet der barsche Befehl. Sie seien die »Schande des Regiments«, brüllt sie der Offizier an, er werde ihnen das nicht vergessen! Mit der Schlafdecke, aber ohne Schnürsenkel und Hosenriemen, werden die beiden »Delinquenten« in die Arrestzelle geführt. Es ist schon spätabends, und im »Loch« ist es bitterkalt. Magnagos Leidensgenosse im Unglück ist dieser ersten nervlichen Kraftprobe mit dem Militär nicht gewachsen. Er fängt haltlos zu weinen an. Magnago tröstet ihn, redet beruhigend auf ihn ein, bis schließlich beide der Schlaf übermannt.

Vom »Delinquenten« zum Unteroffizier

Nach der Ausbildung zum Unteroffizier in Palermo wird Magnago zu den »Granatieri di Sardegna«, einer Art Eliteregiment der »Langen Kerle«, nach Rom einberufen. Man muss mindestens 1,80 Meter messen, um ihm angehören zu können. Der Leutnant aus Südtirol ist ein »Zerberus«, ein wegen seiner oftmals geradezu pedantischen Genauigkeit und Strenge gefürchteter und daher bei seinen Untergebenen nicht immer beliebter Offizier. Auf Disziplin hält er viel, und Unordnung oder Schludrigkeiten sind ihm verhasst. Wenn er Wachoffizier (»di picchetto«) ist, dann wird beispielsweise das Essen genau geprüft. Dies kommt zwar den Rekruten zugute, ärgert jedoch manchen Vorgesetzten, die sich nicht ungern da und dort teure Lebensmittel zu billigeren Preisen abzweigen lassen.

Der Leutnant aus Südtirol wird wegen seiner Genauigkeit und Strenge gefürchtet

Eines Tages, kurz vor seiner Entlassung, wird Magnago von seinem Kompaniechef ins Büro gerufen: Er, so eröffnet ihm der Offizier, müsse ihm nun vorschriftsgemäß eine Beurteilung geben. Er sei mit ihm immer äußerst zufrieden gewesen; am besten, er stelle sich diese deshalb selbst aus: »Denn ich« – so betont er – »unterschreibe alles!« Magnago zögert nicht lange und bewertet sich ohne falsche

Der Kompaniechef unterschreibt alles

Bescheidenheit mit der damals besten Qualifizierung überhaupt: Er sei ein »animatore e trascinatore«. Im Klartext heißt dies, dass er für jede höhere Führungsaufgabe äußerste Eignung besitze, weil er sich in der Kunst der Menschenführung und der Überzeugung anderer gut auskenne. Magnago kann nicht ahnen, dass diese Selbstbeurteilung von damals im Wesentlichen zutreffend ist. Denn gerade diese beiden Eigenschaften werden ihm später in der Politik jenes Charisma verleihen, das seine Freunde schätzen, seine Gegner aber fürchten.

Kurz vor seiner Entlassung im Juni 1938 erlebt der junge Leutnant eine kurze Berührung mit der Weltpolitik. Adolf Hitler, Begründer des »Tausendjährigen Reiches« und »Führer der deutschen Nation«, ist in Rom eingetroffen, um sich dort mit seinem »Stahlpakt«-Freund Benito Mussolini zu treffen. Eine Ehrenkompanie der »Langen Kerle« wartet am Bahnhof Termini, um dem verbündeten Staatschef die militärischen Ehren zu erweisen. Auch der Südtiroler Silvius Magnago ist dabei! Zwar tragen die Offiziere nur gut getarnte Papphelme, sonst aber klappen die Kommandos vorzüglich. Hitler zeigt sich so beeindruckt, dass Mussolini den Befehl gibt, vor dem »Führer« alles noch einmal abrollen zu lassen.

Adolf Hitler trifft Benito Mussolini in Rom

In Rom lernt Magnago auch ein junges, anmutiges Mädchen kennen. Sofia Cornelissen stammt aus Essen und lernt in der Ewigen Stadt Italienisch. Um sich den Aufenthalt finanzieren zu können, erteilt sie, unter anderem einer bekannten Fürstenfamilie, Deutschstunden. Als die Familie einmal in ihrem Palazzo einen großen Empfang gibt, sind dazu auch Magnago und sein Kompaniechef eingeladen. Auf diese Weise begegnet man sich: »Das ist das deutsche Fräulein.« So wird dem jungen Leutnant aus Bozen Sofia vorgestellt. Auf die Frage, woher denn er

Erste Begegnung mit Sofia Cornelissen

komme, antwortet Magnago auf Deutsch: »Ich bin Südtiroler.« Der fesche Leutnant schildert dem Mädchen bei dieser Gelegenheit auch kurz die bedrückenden Verhältnisse im Land an Etsch und Eisack, das unter der faschistischen Entnationalisierungspolitik schwer zu leiden hat. Man vereinbart an diesem Abend, sich wieder zu treffen. Ob sie nicht Lust habe, fragt Magnago Sofia Cornelissen, vor ihrer Heimfahrt nach Essen einmal bei ihm in Bozen kurz vorbeizuschauen?

Bedrückende Verhältnisse im Land an Etsch und Eisack

Sofia nimmt die Einladung an. Tatsächlich macht sie einige Zeit darauf in Bozen Station, um ihren Bekannten aus Rom aufzusuchen. Sie lernt Magnagos Eltern kennen, macht mit seinem Vater einen Spaziergang im Park der »Villa Lener« und setzt dann die Heimreise fort. Die jungen Leute verlieren sich zwar nicht aus den Augen, denn von Zeit zu Zeit schreiben sie sich, doch mehr als eine platonische Beziehung entwickelt sich daraus erst einmal nicht. Magnagos Freundin heißt zu dieser Zeit Ruth, und Sofia ist ihrerseits mit einem Kapitän zur See namens Hans gut bekannt.

Magnago nimmt nun sein Studium der Rechtswissenschaften in Bologna wieder auf. Gerne würde er die Laufbahn seines Vaters einschlagen und wie dieser Richter werden. In der abwägenden Kunst der Beurteilung, in der Fähigkeit, zu vermitteln, traut er sich einiges zu. Doch es bleibt beim Traum. Denn er weiß nur allzu gut, dass ihm in der faschistischen Diktatur, will er sich nicht anpassen, jede diesbezügliche Zukunftsperspektive fehlt. Vor allem aber schreckt ihn die Angst vor der Möglichkeit der Versetzung in die italienischen Provinzen. Eines freut ihn jedoch: Um die Südtiroler besser in die italienische Kultur einzubinden, wurden diese zum Hochschulstudium angeregt, indem sie – übrigens als Einzige – von allen Studiengebühren an den Universitäten befreit wurden. Der Köder wurde zwar genützt, aber der Fisch biss dennoch nicht an. *Bei mir*, sagte

Magnago nimmt Studium wieder auf

Magnago noch kurz vor seinem Tod, *wurde das Geld jedenfalls schlecht angelegt.*

Im Juni 1940 promoviert Magnago zum Doktor der Rechtswissenschaften. Im Dezember 1939 hat er bereits für Deutschland optiert – im Gegensatz zu seinen Eltern und zu einer seiner Schwestern, die sich schweren Herzens für das »Dableiben«, für ein zwar ungewisses Los, doch in der eigenen Heimat, entscheiden. Was ist geschehen? Südtirol erlebt die größte Tragödie seit der gewaltsamen Abtrennung von Österreich, seit der Zerreißung Tirols. Dem Faschismus mit all seinen Schikanen hatten die Südtiroler tapfer widerstanden. Den Machthabern mit den Schwarzhemden war es nicht gelungen, in diese Mauer der Ablehnung Breschen zu schlagen. »Trotz aller äußeren italienischen Tünche, die man dem Land aufgemalt hatte« (so Friedl Volgger im »Volksbote«), blieb das Land an Etsch, Eisack und Rienz deutsch. Bis das eintrat, womit niemand gerechnet hatte: Südtirol wurde auf dem Altar des »Stahlpaktes« zwischen Hitler und Mussolini geopfert! Eine Diktatur reichte so der anderen hilfreich die Hand. Ausgerechnet der »Führer aller Deutschen«, wie sich Hitler gerne zu nennen pflegte, war bereit, dem »Duce« schmutzige Handlangerarbeit in Südtirol zu leisten. Die Südtiroler sollten sich »freiwillig« entscheiden können; so wurde schließlich zwischen den Staatskanzleien in Berlin und Rom im Juni 1939 der Entscheidungszwang ausgehandelt, ob sie für Deutschland optieren und dorthin auswandern oder »für Italien« optieren und dadurch in ihrer Heimat verbleiben würden. Die »Optanten« sollten an den Grenzen des deutschen Sprachraumes angesiedelt werden. Ein *deutsches* Südtirol würde es jedenfalls nicht mehr geben! Es sollte für alle Zeiten von der Landkarte verschwinden. So zwang der Nationalismus, diese »gesamt-

**Eine Tragödie –
die Option entzweit Südtirol**

1939 optiert Magnago für Deutschland

Ein deutsches Südtirol wird es nicht mehr geben

europäische Krankheit« (Lugger), eine ganze Generation von Südtirolern, sich zwischen Hammer und Amboss, zwischen Volkstum und Heimat, zu entscheiden.

Wie bei vielen seiner Landsleute führt auch bei Magnago das Trauma der hautnah erlebten faschistischen Gewaltherrschaft zu einer Haltung des Protestes. Als Reaktion auf die Drangsalierung in der eigenen Heimat, an deren Zukunft man nicht mehr glaubt, entscheidet er sich für die »Option«, also für die Auswanderung. Der Riss zwischen »Gehern« und »Bleibern« geht damals quer durch die Familien und entzweit ein Volk, das bisher einig einer Diktatur getrotzt hatte.

Magnago zählt zu den »Gehern«

Die Option stellt deshalb eine der größten Tragödien in der Tiroler Geschichte dar. Denn das, was die Faschisten mit Zuwanderung, Fabriksgründungen und Assimilierungsbestrebungen, mit Zuckerbrot und mit Peitsche nicht erreicht hatten, will man nun im Bunde mit einer anderen Diktatur »endgültig« lösen: Man will Land und Menschen voneinander trennen, *damit es keinen Raum mehr geben sollte, den die Südtiroler ihre Heimat nennen könnten, und damit es keine Südtiroler mehr geben sollte, die das alte schöne Land südlich des Brenners als ihr Heimatland bewohnten,* erinnert sich Magnago im März 1980 vor ehemaligen Südtiroler Optanten in Bregenz an diese Tragödie. So grausam konnten nur zwei unmenschliche Systeme sein, dass man die Menschen eines Landes vor die Alternative stellte, entweder ihre Heimat zu verlassen, dafür aber ihre Eigenart und Sprache anderswo zu erhalten, oder diese zu verlieren, um – vielleicht völkisch rechtlos – dafür in der eigenen Heimat bleiben zu können. Dass sich dieser tödliche Anschlag auf eine Jahrtausende alte, natürlich gewachsene Gemeinschaft noch dazu »Option« nannte, war ein ironischer Höhepunkt.

Die Option – ein ironischer Höhepunkt

In diesen schicksalsschweren Jahren, in denen die Existenz des Landes auf dem Spiel steht, verlässt ungefähr ein Drittel der Südtiroler Bevölkerung seine Heimat. Drei Viertel dieser rund 75.000 »Optanten« werden in das Land ihrer Väter nicht mehr zurückkommen. Sie verlieren ihre Heimat, diesen festen Bezugspunkt, diese *aus der Vergangenheit kommende und in die Zukunft weiterwirkende Bindung an eine Landschaft und an eine menschliche Gemeinschaft, die einander geformt haben und deren wesenhafter Teil wir selbst sind.* Die Abscheu vor den faschistischen Machthabern ist bei vielen stärker als das eventuelle Misstrauen gegen eine »deutsche« Diktatur, die man noch nicht, weil nur aus der Ferne, kennt. Der Faschismus benützt Südtirol gegenüber Berlin als eine Art politisches Faustpfand. Man will die Möglichkeit nützen, um dem durch die Option bereits ausgebluteten Land nun endgültig den »Stempel Italien« aufzudrücken. Der junge Magnago ist, wie viele seiner Landsleute, überzeugt, dass es die erklärte Absicht der Faschisten sei, die deutsche Bevölkerung Südtirols, sofern sie im Lande bleiben sollte, »restlos zu italienisieren«. Von Rom niemals dementierte Gerüchte, wonach die »Dableiber« unterhalb der Poebene neu angesiedelt werden sollen, und ein fanatischer deutscher Patriotismus tun das Übrige, um die Warnungen vor dem Verlassen der Heimat zu überhören.

Ungefähr ein Drittel der Südtiroler verlässt die Heimat

Magnago will an die Front

Ab Herbst 1940 arbeitet der frischgebackene Doktor der Rechte, Silvius Magnago, im Bozner Hotel »Stiegl« als Angestellter der »Fachgruppe Handel und Gewerbe«, jener »Kommission für Wertfestsetzung«, in der mit der entsprechenden italienischen Stelle über den Ablösungswert der zu übergebenden Liegenschaften der Optanten gefeilscht werden muss. In der Zwischenzeit ist der Zweite Weltkrieg voll entbrannt; der junge Magnago will einrücken! Im Hotel »Mondschein« in der Bozner Bindergasse findet die Musterung statt. Die

Länge stimmt, auch wenn ihm durch die deutsche Gründlichkeit ein halber Zentimeter abgezwackt wird. Doch mit dem Gewicht hapert es. Zudem weist der Vorsitzende der Musterungskommission ein Schreiben vor, mit dem Magnago als »unabkömmlich« erklärt wird. Paul Mayr, der Chef der Wertfestsetzungskommission, hat es geschickt. Vielleicht wollte er dem jungen Mann damit auch einen Gefallen erweisen. Doch der gibt sich empört, protestiert; er will als Soldat seine Pflicht tun und an die Front! »Ich bin zäh, ein Mordsbergsteiger«, erklärt er.

Die Kommission lässt sich überzeugen. Magnago wird für tauglich und »kriegsverwendbar« befunden. Unbewusst ist er damit seinem Schicksal in den Arm gefallen. Mit ihm dienen rund 30.000 Südtiroler im Zweiten Weltkrieg bei der Wehrmacht; viele von ihnen ziehen mit Begeisterung in den Krieg.

Eineinhalb Monate nach Abschluss der Option, am 15. Februar 1940, bringt der Reichsführer der SS und Chef der deutschen Polizei, Heinrich Himmler, dem Hitler persönlich die »Endlösung« der Südtirolfrage übertragen hat, in einem Schreiben an den Tiroler Gauleiter Franz Hofer seine Zufriedenheit über das Optionsergebnis zum Ausdruck. Der Führer, so schreibt er, habe sich über den Volksentscheid sehr gefreut:

Himmler ist mit Optionsergebnis sehr zufrieden

Ich habe ihm die Zahlen der neunzigprozentigen deutschen Wahlziffer übergeben, und er hat sie genau durchgelesen und davon Kenntnis genommen. Deutschland ist stolz auf sein Südtiroler Volk. Ich wiederhole, dass das Südtiroler Volk geschlossen angesiedelt werden wird und dass die Volksführung des Südtiroler Volkes Gelegenheit haben wird, die Landschaften, die für die Ansiedlung in Frage kommen, anzusehen und kennen zu lernen, bevor ein endgültiger Entscheid über die Wahl der Landschaft getroffen wird.

So zynisch konnte nur eine Diktatur über das Ergebnis eines unglückseligen Bruderkrieges in Südtirol urteilen! Die nationalsozialistische Propagandawelle, von vielen einfachen Leuten für bare Münze genommen, hatte gute Arbeit geleistet. Der Riss zwischen »Dableibern« und »Optanten« ging quer durch die Familien, entzweite den Bruder vom Bruder, das Kind von seinen Eltern. Intoleranz und Gehässigkeiten gegen die »Dableiber« griffen um sich. Es gab Fälle, in denen man die Nichtoptanten mit »Buon giorno« begrüßte und sie so der Italienfreundlichkeit bezichtigte. Vereinzelt kam es sogar vor, dass die Fensterscheiben ihres Hauses eingeworfen wurden oder die Tür mit Kot beschmiert wurde! Kaum ein Optant wollte mit »Dableibern« an einem Tische im Gasthaus sitzen. Es war eine unselige Zeit, eine Zeit der Prüfung, in der alle Südtiroler, ganz gleich wie sie sich auch entschieden, ein schweres Opfer bringen mussten. Ihre Entscheidung verdient somit Respekt.

1941 stirbt Magnagos geliebter Vater – ein schwarzer Tag für Frau und Kinder, vor allem für den Sohn, der eine ganz besonders tiefe Bindung zu ihm fühlte. Magnago arbeitet noch immer im Hotel »Stiegl«; er wird dort Zeuge vieler kleiner Tragödien in einer aufgewühlten Zeit. Im Jänner 1943 wird er eingezogen. Seine Beziehungen zu Sofia, dem Mädchen, das er in Rom kennen gelernt hatte, haben sich vertieft. Ob es ihr gefallen würde, einmal ihren Urlaub in Landeck zu verbringen? So hat ihr Magnago eines Tages geschrieben. Er sei dort stationiert, und um diese Jahreszeit sei die Gegend besonders schön. Wiederum nimmt Sofia die Einladung an. Sie fährt dorthin und wird bald nicht nur von Magnago, sondern auch von mehreren Offizieren umschwärmt. Magnagos Vorgesetzter, Major von Stiller, muntert den meist in sich gekehrten Südtiroler deshalb auf, sich gegenüber dem Mädchen aus dem Rheinland etwas sonniger zu geben. Denn sie, so meint er, habe ein fröhliches Gemüt. Wie könne sie da mit einem »Finsterling« wie Magnago etwas anfangen?

Kaum zu überbietender Zynismus

Feindschaft zwischen »Gehern« und »Dableibern«

1941 Tod von Magnagos Vater

Magnago nimmt sich den Rat zu Herzen, so sehr, dass er sich ihr gegenüber sogar als Sänger betätigt.

Auf die sich nun anbahnende Idylle fällt jedoch jäh der Schatten des Krieges. Magnago erhält den Befehl, innerhalb von vier Tagen an der russischen Front zu sein! Deshalb beschließt man, die karge Frist zu nützen und zu heiraten. Am 15. Oktober 1943 tritt das junge Paar beim Standesamt im »Goldenen Dachl« in Innsbruck in den Stand der Ehe. Einen Tag später findet in Landeck die kirchliche Trauung statt. Nun hat Magnago »eine gute und starke Gefährtin« (Lugger) fürs Leben. Doch bereits am 17. Oktober muss der dem 138. Gebirgsjägerregiment zugeteilte Südtiroler Leutnant wieder zurück an die Front. Wieder nach Russland, wo er bereits seit Mai an der Donfront (Südabschnitt) im Einsatz steht. Seine Frau begleitet ihn noch bis Wien, dann müssen die beiden Abschied voneinander nehmen. Nur zwei Tage miteinander sind dem frisch vermählten Paar vergönnt gewesen. Dann fällt neuerlich der Schatten eines grausamen Krieges auf sie.

Heirat mit Sofia

Magnago muss wieder zurück an die Front

Anfang Dezember 1943 befindet sich Magnago als Kompanieführer mit seiner Einheit im Südabschnitt der Ostfront. Östlich des Dnjeprs, rund 150 Kilometer nördlich der Krim, hält die Wehrmacht einen Brückenkopf bei Nikopol im Süden der Ukraine. Magnagos Einheit liegt tage- und nächtelang unter schwerem Beschuss. Angriffe und Gegenangriffe lösen einander ab. Und an einem kalten Wintertag geschieht das, womit jeder Soldat in diesem Inferno rechnen muss. Als ob er das Unheil vorausahnen würde, wirft sich Magnago mit seinen Kameraden instinktiv auf den gefrorenen Boden der Stellung nieder. Doch zu spät! Eine Granate explodiert fast unmittelbar neben ihm. Er denkt noch, »nun ist es aus, das also ist das Ende«. Zugleich spürt er harte Schläge im Ge-

Magnago wird schwer verwundet

sicht und an den Beinen. Als der Schock abebbt, begreift er erst richtig, was geschehen ist. Zwei seiner Kameraden sind tot, er selbst schwer verwundet. Der feindliche Beschuss hält unvermindert an. Die Verwundeten können deshalb nicht sofort geborgen werden.

Als dies in der Nacht mit einem Muliwagen endlich geschieht und die Schwerverwundeten aus der Schusslinie herausgeholt werden können, hat sich Magnagos Zustand schon verschlechtert. Zwei volle Wochen dauert der abenteuerliche Rücktransport ohne konkrete ärztliche Betreuung bis nach Warschau. In einem dortigen Lazarett wird er endlich behandelt. Vor allem die Verwundung am linken Bein ist schwer, denn inzwischen hat sich auch eine Sepsis eingestellt: Das Bein muss amputiert werden! Insgesamt wird der Schwerverwundete sieben Operationen unterzogen. Sein Zustand verschlechtert sich, die Ärzte haben keine Hoffnung mehr. An seine Frau wird ein Telegramm geschickt. Es lautet: »LEUTNANT SILVIUS MAGNAGO SCHWERSTENS VERWUNDET – ZUSTAND SEHR ERNST – KOMMEN DRINGEND ERFORDERLICH – TELEGRAMM DIENT – BEHÖRDLICH GESTEMPELT – ALS AUSWEIS FÜR DEMARKATIONSLINIE – ÖSTERREICH – (OSTMARK) – POLEN –.«

Das linke Bein muss amputiert werden

Sofia Magnago erhält die Unglücksbotschaft in Gloggnitz in Niederösterreich. So schnell sie kann und es die Verhältnisse erlauben, eilt sie zu ihrem Mann. Erst zwei Monate ist sie mit ihm verheiratet, und nun droht er ihr bereits wieder entrissen zu werden!

Im Lazarett in Warschau sehen sie sich wieder. Die Ärzte haben der jungen Frau reinen Wein eingeschenkt: Um ihren Mann, so sagen sie, stehe es leider nicht gut. Die Behandlung sei zu spät erfolgt, der Körper schon zu geschwächt. Es müsse ein kleines Wunder geschehen, wenn er doch noch über den Berg käme. Und das Wunder geschieht: Der Anblick der jungen Frau stärkt den von den Ärzten

Sorge der Ärzte

bereits Aufgegebenen, erweckt die schon tot geglaubten Lebensgeister. Er will noch leben! Denn noch ist ihm das Schicksal einiges schuldig! Ein unbändiger Drang zum Leben, das bisher Versäumte nachzuholen, beseelt den Kranken. Und das Unerwartete wird wahr. Sein Zustand bessert sich allmählich. Nach verschiedenen Lazarett-Aufenthalten, so in Frankfurt an der Oder, Wien, in einem Lazarett am Semmering und Igls, wird er im April 1945 endlich in die Heimat entlassen. Magnago wird seiner Frau die entscheidende Hilfe am Kreuzweg seines Lebens nie vergessen.

Die Heimreise gestaltet sich ungemein beschwerlich. Magnago liegt gegen Kriegsende im Heereslazarett Semmering. Seine Frau hat, um in seiner Nähe weilen zu können, im nahe gelegenen Gloggnitz (Niederösterreich) eine kleine Wohnung gemietet. Kurz vor Ostern 1945 wird die Lage immer bedrohlicher, denn die sowjetische Offensive in Ungarn ist erfolgreich verlaufen; ein unabsehbarer Flüchtlingsstrom wälzt sich in Richtung Semmering. Dort wird das Lazarett, in dem Magnago liegt, eilends geschlossen. Magnago wird nach Igls (Tirol) überwiesen. Vorher fährt er noch nach Gloggnitz, um dort einige Tage mit seiner Frau zu verbringen. Vor allem aber will er sie unbedingt mitnehmen! Da sich die militärische Lage immer mehr zuspitzt und man schon das Artilleriefeuer von der Front vernehmen kann, ist höchste Eile geboten. Auf einem Wehrmachtswagen gelingt Magnago mit seiner Frau einige Tage später die abenteuerliche Flucht über den bereits hoffnungslos verstopften Semmeringpass.

Die abenteuerliche Flucht

Das Kriegsende erlebt er bei seiner Mutter in Kastelruth. Später bietet das Elternhaus in der Runkelsteiner Straße dem jungen Paar Zuflucht. Die Mutter freut sich, pflegt den schwer verletzten Sohn. Sie wird – »ein Geschenk Gottes« – das hohe Alter von 86 Jahren erreichen.

Das junge Paar findet im Elternhaus Zuflucht

Im Herbst 1945 trifft der junge Heimkehrer Magnago zufällig seinen ehemaligen Studienkollegen Toni Ebner wieder. Ebner, ein »Dableiber«, gehört mit Erich Amonn und anderen Nichtoptanten im Mai 1945 zu den Gründern der Südtiroler Volkspartei. Mit dieser Sammelpartei aller Südtiroler hofft man, die Selbstbestimmung und die Rückkehr zu Österreich zu erreichen. Kanonikus Michael Gamper, Friedl Volgger und andere Südtiroler, die sich im Widerstand beziehungsweise in den Konzentrationslagern der nationalsozialistischen Diktatur bewährt hatten, haben diesbezüglich bereits Fäden zu den Alliierten geknüpft. Vor allem hohe englische Offiziere zeigen sich den Südtirolern gegenüber aufgeschlossen. Churchill ist ein großer Bewunderer von Andreas Hofer und kennt das Land. Ebner macht Magnago eher beiläufig das Angebot, doch in der »Villa Brigl« in Gries für die im Mai gegründete Südtiroler Volkspartei zu arbeiten. Magnago nimmt dankend an. Ab Dezember 1945 ist er dann dort angestellt. Vorwiegend übersetzt er Klagen und Beschwerden von Südtirolern gegen die italienische Verwaltung. Etwa ein Jahr später schickt ihn die Partei als Vertreter der Kriegsopfer in die Landesstelle des Ministeriums für Nachkriegsfürsorge. Nach einiger Zeit gelingt es ihm, bei der Sparkasse in Bozen angestellt zu werden.

Magnago arbeitet für die im Mai 1945 gegründete Südtiroler Volkspartei

Die junge Heimkehrergeneration von damals hat ein schweres Erbe angetreten. Seit seiner Rückkehr kümmert sich Magnago um die Frontkämpfer und Kriegsversehrten. Sie werden in Südtirol, in Teilen der Bevölkerung, manchmal missverstanden, in einem falschen Licht gesehen, ja mit Vorwürfen, ihre Haut für eine Diktatur zu Markte getragen zu haben, bedacht. Diese Haltung ist oftmals kränkend. Die Gefahr, dass sie sich nun von der Politik, an der sie sich bereits einmal die Finger verbrannt haben, abwenden, nichts mehr davon wissen wollen, ist

Heimkehrer haben einen schweren Stand

groß. Der Heimat, die gerade nun jeden Mann doppelt notwendig braucht, würde dadurch ein nicht mehr gutzumachender Schaden zugefügt. Magnago ist selbst durch die unbarmherzige Schule der Geschichte gegangen, er ist wie sein Land Opfer gleich zweier Diktaturen geworden. Schmerzen, Verwundung und Behinderung haben seinen Willen gestählt. Demokratie und Freiheit haben er und seine Kameraden, die an der Front im guten Glauben ihre Pflicht taten, nie gekannt. Diese Werte sind damit für viele von ihnen neue Erfahrungen. Die Gefahr der Entfremdung, das Risiko der inneren Abkapselung, der Konzentration auf die eigenen Interessen, ist deshalb groß.

Magnago – Kriegsversehrter und Opfer zweier Diktaturen

Magnago versucht daher gemeinsam mit anderen, mit allen Kräften der sich ausbreitenden Resignation bei den Heimkehrern entgegenzuwirken. Er appelliert an ihr Pflichtgefühl, das man unter widrigen Umständen schon einmal bewiesen habe. Jetzt gelte es, trotz aller Enttäuschungen, wieder für die Heimat einzutreten. Denn wenigstens diese habe man sich bewahren können. Die Wiedereinbindung dieser Generation, die um Jugend und Idealismus betrogen wurde, die nicht nur mit einem verlorenen Krieg, mit Hunger und Gefangenschaft, mit Heimweh und Existenznot fertig werden musste, sondern auch mit dem Schatten der deutschen Konzentrationslager, mit dem Andenken an Millionen gedemütigter, gehetzter und ermordeter menschlicher Kreaturen – die Einbindung dieser Frontsoldaten und Versehrten in die neue Gemeinschaft ist schwierig. Doch sie gelingt.

Magnago setzt sich mit ganzer Kraft für Belange der Heimkehrer ein

Die Heimkehrer nehmen das Schicksal der Heimat mit in die Hand und formen es. Es braucht tatsächlich Mut und Kraft, sich dem Volk nach so vielen Enttäuschungen nochmals zur Verfügung zu stellen. Viele von ihnen besitzen noch keine Staatsbürgerschaft, viele, die in der Wehrmacht dienten, scheinen politisch verdächtig.

Magnago, selbst vom Krieg so hart gezeichnet, hat stets gemahnt, den Schrecken dieser Zeit nicht nachträglich in falsche Romantik zu hüllen. Denn der Krieg bleibe immer hart, unerbittlich und grausam. Er füge Siegern und Besiegten schwere Wunden zu. Vielleicht hat er sich selbst, stellvertretend für eine ganze Generation, gemeint, wenn er betont:

Vielen schlägt der Krieg Wunden, die nie mehr verheilen – körperliche und seelische Wunden. Aber jeder, der dieses Schicksal erlebt hat, ist nicht nur ärmer, sondern auch stärker und härter geworden. Der Heimkehrer brachte mit, was die in Not darniederliegende Heimat am meisten brauchte: Einsatzbereitschaft, Pflichtgefühl, Kameradschaft und Solidarität, die Nichtbeachtung der eigenen Person, wo es um die allgemeine Not ging.

Diese seelische Haltung, sagt Magnago beim Südtiroler Heimkehrertreffen im Juli 1971 in Tramin, säße in allen »tief drinnen« und sei ein »unauslöschliches Merkmal« dieser Generation, die durch das grausame Erlebnis von Krieg und Gefangenschaft zusammengeschmiedet worden sei.

Der Ruf der Partei nach Selbstbestimmung, für den 1946 in Sigmundskron eine kraftvolle Demonstration stattfindet, verhallt ungehört. Wieder lassen sich die Siegermächte von reinen Machtinteressen leiten. Österreich, das ein Opfer Hitlers wurde, wiegt dabei weniger als Italien, das sich erst spät gegen den langjährigen Stahlpakt-Verbündeten auflehnte. Immerhin wird im September 1946 zwischen Österreich und Italien in Paris jener Vertrag abgeschlossen, der den Südtirolern künftig die Gewährung einer gewissen Selbstverwaltung zum Schutz ihrer Volkstumsrechte zusichert. Der Pariser Vertrag steht unter der Schirmherrschaft der vier Siegermächte und wird als Bestandteil des italienischen Friedensvertrages auch international verankert. Dies ist nicht wenig und gewiss ein

Magnago mahnt, die Schrecken dieser Zeit nicht in falsche Romantik zu hüllen

Ruf nach Selbstbestimmung verhallt ungehört

nicht gering zu schätzender Fortschritt! Denn das Gruber-Degasperi-Abkommen, das lange in seiner Bedeutung verkannt wird, bietet den Südtirolern eine Plattform zum Schutz ihrer Lebensrechte. Und dies zur gleichen Zeit, in der rund 14 Millionen Deutsche aus Ost- und Südosteuropa grausam vertrieben werden und so für die Verbrechen Hitlers bezahlen müssen! Mit Recht hat Friedl Volgger, der an den Verhandlungen in Paris teilnahm, darauf später immer wieder hingewiesen.

Das Gruber-Degasperi-Abkommen

Magnagos politische Tätigkeit beginnt 1947, als er als SVP-Vertreter zum Mitglied des damaligen (nicht gewählten) Gemeinderates von Bozen bestellt wird. Eine verpflichtende Aufgabe für den Heimkehrer! Denn es ist die Zeit, in der die italienische Zuwanderung nach Bozen die größten Ausmaße angenommen hat. In den ersten öffentlichen Sitzungen protestiert der 33-Jährige schärfstens gegen diese Fortsetzung faschistischer Politik unter dem Tarnmantel der Demokratie und besonders gegen die Praktiken des Wohnungsamtes. Die Proteste fruchten freilich wenig. Anstatt einer überzeugenden Wiedergutmachung der tief greifenden Schäden, welche die Gewaltherrschaft angerichtet hat, werden deren Zielsetzungen heimlich munter fortgesetzt. Die Wiederverleihung der Staatsbürgerschaft an die Optanten wird so restriktiv gehandhabt, dass nur ein Drittel der inzwischen Ausgewanderten wieder in die Heimat zurückkehrt. Viele von ihnen bleiben in Österreich und in Deutschland, wo sie eine neue Existenz gefunden haben.

Magnago beginnt seine politische Karriere

Im Juli 1948 finden die ersten demokratischen Gemeinderatswahlen in Bozen statt: Magnago erhält von den Kandidaten der SVP-Liste am meisten Vorzugsstimmen und wird zum Vizebürgermeister der Stadt gewählt. Einige Monate vorher hat die Landesversammlung auch die Kandidaten für die Parlamentswahlen aufgestellt: Man hat dafür drei »Dableiber« (Ebner, Guggenberg und Volgger), den »Optanten« Magnago und zwei Trentiner aufgestellt.

Magnago kandidiert für römisches Parlament – und fällt durch

Magnago hat während des Wahlkampfes keinen leichten Stand. Eine Zusammenarbeit der drei »Jungen«, wie sie ihm vorgeschlagen wird, lehnt er ab. Sie wäre letztlich auf Kosten Guggenbergs geschehen, und dies widerstrebt ihm. Die bereits früher erfolgte Aufforderung, er möge sich doch »freiwillig« von der Liste zurückziehen, stößt ebenfalls auf sein Nein. Die Landesversammlung, so argumentiert er, habe ihn nominiert, um die Heimkehrer und Optanten für die Partei anzusprechen. Er hat also eine Pflicht zu leisten, der er sich nicht entziehen will.

Magnago entzieht sich nicht der Pflicht

Auf dem Bozner Rathausplatz hält Magnago zusammen mit Friedl Volgger und anderen Kandidaten eine viel beachtete Rede: Ein Kandidat sei, so betont er, im KZ gewesen, einer, nämlich er selbst, an der Front: Heute aber kandidiere man gemeinsam. Dies sei eben nur in der SVP als Sammelpartei möglich! Der Erfolg wird knapp verfehlt. Wenn er später oftmals vor allem jugendliche Kandidaten über einen Wahlmisserfolg zu trösten pflegt, wird er stets betonen, dass sogar er selbst einmal durchgefallen sei: *Und trotzdem bin ich Landeshauptmann geworden.*

Vor dem Wendepunkt in Sigmundskron verläuft Magnagos politische Laufbahn in eher ruhigen Bahnen: Am 28. November 1948 wird er mit großem Erfolg in den Landtag beziehungsweise Regionalrat gewählt. Bis 1960, also zwölf Jahre lang, bekleidet er dort jeweils die Stelle des Landtags- beziehungsweise Regionalratspräsidenten. Bis Ende 1952 wirkt er noch als erster deutscher Vizebürgermeister der politisch besonders gefährdeten Südtiroler Landeshaupt-

Magnago erster deutscher Vizebürgermeister von Bozen

stadt, später für eine Legislaturperiode als SVP-Fraktionssprecher. In all diesen Jahren stellt er sein Verhandlungsgeschick, sein taktisches Können, vor allem aber eine unbeirrbare Zähigkeit zur Durchsetzung politischer Grundziele bereits eindrucksvoll unter Beweis. Noch aber deutet kaum etwas darauf hin, dass es gerade dieser Mann sein wird, der einmal entscheidend die Weichen für die Südtirolpolitik der nächsten Jahrzehnte stellen wird.

Drittes Kapitel

Die Entscheidung von Meran

Der berühmt gewordene Händedruck (diese Aufnahme stammt allerdings von der Landesversammlung der SVP am 28. November 1981) zwischen Peter Brugger und Silvius Magnago auf der Landesversammlung vom 22. November 1969, die als »Paket«-Schlacht in die Nachkriegsgeschichte eingegangen ist, war mehr als nur eine Geste der politischen Höflichkeit. Er war vielmehr auch das Versprechen der von Senator Brugger geführten parteiinternen Opposition zur loyalen Zusammenarbeit für die schwierige Phase der »Paket«-Verwirklichung.

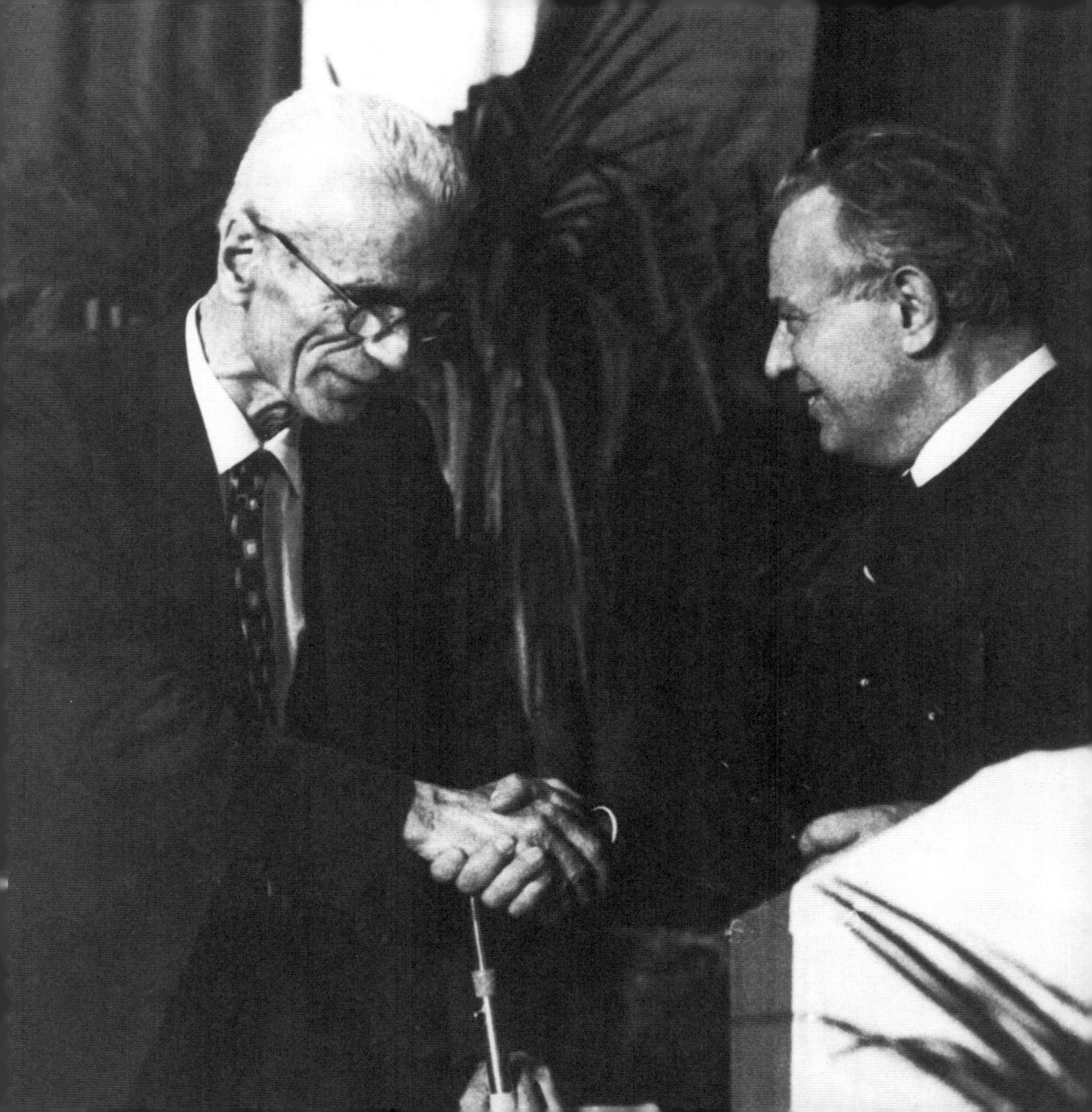

Magnago wirft einen kurzen Blick auf seinen Widersacher in der ersten Reihe, Peter Brugger, sein langjähriger Mitarbeiter in der Landesregierung, nun Senator in Rom, um den sich die »Paket«-Gegner geschart haben!

■ Die üblichen feierlichen Fanfarenstöße zum Auftakt dieser außerordentlichen Landesversammlung sind verklungen. Dann tritt Magnago ans Rednerpult. Er wirkt ruhig, betont ruhig sogar. Im Saal jedoch knistert die Spannung. 10.15 Uhr, 22. November 1969, ein Samstag: Heute würde *die* Entscheidung fallen, die auch sein politisches Schicksal bestimmen würde. Sollte er diese Schlacht nicht gewinnen, müsste er die Konsequenzen ziehen und als Obmann der SVP nach zwölf Jahren zurücktreten. Die Vorentscheidungen in den Bezirken des Landes waren nicht unbedingt ermutigend gewesen. Vor allem im Pustertal, aber auch im Vinschgau und in Bozen hatten sich starke Oppositionsgruppen zum »Paket« gebildet. Die Delegierten der sieben politischen Bezirke hatten sich zwar nach zähem Ringen mehrheitlich für seine Linie entschieden, aber die Mehrheit war nur hauchdünn gewesen. Oft hatte dabei nicht die Kraft der Argumente den Ausschlag gegeben, sondern starke persönliche Bindungen waren dafür entscheidend gewesen. Aber das galt für beide Seiten.

Doch welche Kraft hatte dieses wochenlange Ringen gekostet! Welch übermenschliche Anstrengung war dies doch zeitweilig gewesen: die vielen Versammlungen, die endlosen Besprechungen, die persönlichen Überredungsbemühungen in zahllosen Telefongesprächen, die sich kaum einmal unter einer halben Stunde bewegten, die Marathonsitzungen im Parteiausschuss. Die sich immer mehr

Zwölf Jahre nach Sigmundskron

Im Pustertal, im Vinschgau und in Bozen starke Oppositionsgruppen zum »Paket«

zuspitzenden Zwistigkeiten, die in Einzelfällen Züge der unglückseligen Optionszeit von 1939 angenommen hatten. Nun hatte er all das hinter sich. Aber eben nur vorläufig. Denn heute würde alles noch einmal und ein letztes Mal auf dem Amboss der Landesversammlung geschmiedet werden.

Beim Aufstehen am Morgen hat er versucht, alle Müdigkeit abzuschütteln. Er glaubt an seinen Sieg. Immer wieder, seit Wochen schon, hat er sich den Glauben an seinen Erfolg selbst eingeredet, alle noch so bohrenden Zweifel daran abzuschütteln versucht. Ein Rest davon ist jedoch geblieben. Seine Stellungnahmen im Parteiausschuss und in den vorbereitenden Bezirksausschusssitzungen sind bereits von dieser Entschlossenheit gekennzeichnet gewesen. Hat er mehr die Register seiner rhetorischen Kunst, seiner Überzeugungskraft ziehen müssen als in den letzten Wochen? Während er nun zum Rednerpult geht, erinnert er sich: Auf wenige Tage genau vor zwölf Jahren hat er sich auf dem holzgezimmerten Rednerpult in Sigmundskron bewähren müssen. Unter den wachsamen Ohren der italienischen Geheimpolizei, unter der stummen Drohung einiger tausend Carabinieri wurde er zum Sprachrohr eines in seiner Existenz bedrohten Volkes. Damals, in Sigmundskron, hat er als Sprachrohr von rund 35.000 Südtirolern Zeugnis abgelegt. Die Weltöffentlichkeit hatte aufgehorcht. Seitdem war Südtirol kein vergessener politischer Winkel mehr. Seit diesem Tage hatte das Problem eine europäische Dimension erhalten.

Ja, damals in Sigmundskron, denkt Magnago, damals war alles gut gegangen. Es hatte keinen Marsch auf Bozen gegeben. Er hatte sein deutsches Wort, das er verpfändet hatte, halten können. Aber heute, war das nicht noch viel schwerer, noch viel bedrückender? Waren diese in zahllosen Diskussionen mit der »Paket«-Materie zwischen vertrauten Delegierten seiner Partei nicht viel schwerer zu

Magnago glaubt an seinen Sieg

Südtirolproblem erhält europäische Dimension

überzeugen? Heute, dies spürt er instinktiv, heute muss er kämpfen und überzeugen zugleich, denn heute ist die Landesversammlung in zwei fast gleich große Lager gespalten. Heute herrscht Uneinigkeit in den eigenen Reihen. Und das bedrückt ihn. Durch die Partei geht ein Riss. Er selbst wird nur als Obmann einer Gruppe anerkannt. Als Realist spürt er diesen Autoritätsverlust.

Durch die Partei geht ein Riss

Er wirft einen kurzen Blick auf seinen Widersacher in der ersten Reihe, Peter Brugger, sein langjähriger Mitarbeiter in der Landesregierung, nun Senator in Rom. Der Name steht stellvertretend für den Widerstand gegen Magnagos Politik. Heute fühlt Magnago mehr denn je den Wesensunterschied, der ihn von diesem Mann trennt. Nein, eine wirkliche Harmonie zwischen ihm und dem Ahrntaler Brugger, um den sich die »Paket«-Gegner geschart haben, hat es wohl kaum jemals gegeben. Dazu trennt sie beide zu viel, auch wenn man sich gegenseitig Achtung bezeugt. Brugger ist ein philosophisch geprägter, oft von zukunftsträchtigen Visionen lebender Denker, der nur aus der Gesamtschau zu handeln vermag. Politische Modelle, die er oft kühn entwirft, lässt er manchmal bereits als mögliche spätere Wirklichkeit gelten. Warum, so überlegt Magnago, ist Brugger eigentlich bereit, auf eine vielleicht sonst nie mehr erreichbare Chance für Südtirol zu verzichten? Auf ein Paket von Maßnahmen, von Zugeständnissen, wie es trotz vieler Mängel besser nie eines gegeben hat. Natürlich ist das Angebot, über das die Landesversammlung heute befinden muss, nicht perfekt, das weiß der Obmann nur allzu gut. Denn es handelt sich dabei ja um einen politischen Kompromiss, der maßgeblich seine Handschrift trägt und Rom in mühevollen jahrelangen Verhandlungen abgerungen werden musste. Mehr als andere hat er darunter gelitten, dass auch gute Lösungsansätze

Peter Brugger, Magnagos härtester Widersacher

Das »Paket« trotz vieler Mängel eine Chance für Südtirol

dabei abgebröckelt sind, etwa der Kreisky-Saragat-Vorschlag über eine internationale Verankerung. Schließlich war davon nur mehr der so genannte »Operationskalender« übrig geblieben, der eine stufenweise zeitliche Verwirklichung des freilich inhaltlich inzwischen angereicherten »Pakets« unter der Aufsicht der Südtiroler Schutzmacht Österreich vorsah.

Doch nun lag das Vertragswerk vor. Annehmen oder ablehnen! So hieß nun die Devise. Mehr war einfach nicht herauszuholen. Magnagos praktischer Sinn, ja sein ganzes Naturell sträubt sich gegen die Zumutung seiner politischen Gegner, das »Paket« auch jetzt noch als unzureichend zu verwerfen und gegen eine vielleicht hoffnungsvollere, aber mit all ihren Risiken unbekannte Zukunft einzutauschen. Im Leben wie in der Politik, denkt Magnago, muss Ordnung herrschen. Dieses Prinzip ist so sehr Grundbegriff und Sinninhalt seines Lebens, dass er lieber eine unvollkommene Ordnung, wie sie die Chance des Augenblicks bietet, hinzunehmen bereit ist, als eine ungewisse Hoffnung auf ein vielleicht besseres Morgen. Nein, nein und nochmals nein! Brugger darf heute nicht Recht behalten, hämmert sich Magnago ein. *Er* muss sich durchsetzen. Und er würde es schaffen.

Das Vertragswerk annehmen oder ablehnen

Denn der Parteiausschuss hat bereits eine klare Vorentscheidung getroffen. Die Mehrheit für Magnagos politische Linie ist dort eindeutig ausgefallen. Doch dieses Gremium kennt er, es ist überschaubar. Dort kommt es oft auch darauf an, wer bis zuletzt Geduld und Nerven behält, wer die langen Reden der politischen Gegenspieler am gelassensten erträgt, die Lücken in ihrer Argumentation ausfindig macht und daraus rasch ein paar griffige Gegenthesen formuliert. Die müssen dann immer einfach, immer einprägsam sein und oft wiederholt werden. Meist mit den gleichen Worten. Das gehört zu seinem Rezept. In diesem Fach ist er Meister. Schwierige Sachver-

Magnago ist Meister, schwierige Sachverhalte einfach darzustellen

halte einfach darzustellen, Gefühl und Verstand der Leute gleichermaßen anzusprechen, das ist eine Kunst, die er beherrscht; perfekt sogar. Wenn die Delegierten dann müde werden, durch die vielen Wiederholungen mürbe geklopft worden sind, dann bleibt oft nur mehr der resignierende Glaube daran, dass es »der Obmann« schließlich wissen müsse, dass ja hauptsächlich er die Verantwortung für seine Politik trage. Das reicht dann für einen Mehrheitsbeschluss. Mit diesem Fundus an Erfahrung, Überzeugungskraft und Menschenkenntnis hat er die vielen Vorentscheidungen, die Gefechte der letzten Wochen erfolgreich bestanden.

Er fühlt darüber keinen Triumph. Die letzte Nacht ist unruhig gewesen. Er hat lange nicht einschlafen können. Noch einmal hat er alle Ereignisse der letzten Zeit im Geist an sich vorüberziehen lassen, seine Überlegungen dazu geordnet und zusammengefasst, neue Formulierungen ausgedacht und alte geschliffen, bis sie schließlich so sehr von ihm Besitz ergriffen, dass er sich damit bereits am Rednerpult wähnte. Jetzt aber ist es endlich soweit. Die Atmosphäre des Meraner Kursaales behagt ihm. Er vermittelt den Anstrich von heimelig-altösterreichischer Tradition. Meran ist seine Geburtsstadt und war für einige Zeit auch Wirkungsort seines verehrten Vaters. In der Passerstadt hat er selbst die Reifeprüfung bestanden.

Am Morgen hat er gespürt, dass er für die Herausforderung gewappnet ist. Denn zu seinem Vorschlag gibt es eigentlich keine brauchbaren Alternativen. Der Spielraum für Kompromisse ist ausgeschöpft, das Seil gespannt. Das »Paket« ist gewiss nicht perfekt, dazu fehlen einige wesentliche Elemente. Roms Zugeständnisse etwa im Bereich der Schule oder der Arbeitsvermittlung sind dürftig geblieben. Aber insgesamt bietet es der Volksgruppe die Möglichkeit, sich zu erhalten, ja zu festigen. Vorausgesetzt natürlich, dass Tüchtigkeit, Leistungsbereitschaft und der Wille, sich zu behaupten, da-

Wenig Spielraum für Kompromisse: Das »Paket« ist gewiss nicht perfekt!

mit Hand in Hand gehen. Deshalb gilt es heute, sich auf das Wesentliche zu konzentrieren. Heute darf er sich nicht im Gestrüpp der Details verlieren, in denen bekanntlich der Teufel steckt. Sich in Kämpfen auf Nebenstrecken zu erschöpfen, wäre gefährlich. Wie ein Boxer im Ring muss er sich auf die entscheidende Runde konzentrieren. Er muss betonen, dass man mit diesem Lösungsvorschlag Roms einen entscheidenden Durchbruch erzielt, ohne sich dabei für die Zukunft etwas zu verbauen. Kein Punkt und kein Beistrich mehr als der vorliegende Text konnte erreicht werden! Weiteres Zuwarten könnte das Erreichte höchstens gefährden. Wenn die Partei heute dazu nicht ja sagte, dann – dies spürt Magnago als Jurist und Politiker – bestand die Gefahr, in Rom wieder von vorn anfangen zu müssen.

Weiteres Zuwarten könnte das Erreichte gefährden

Die Kämpfe waren so zermürbend gewesen, dass er sich jetzt, nach acht »Paket«-Verhandlungsjahren, um mehr als um diese Zeitspanne gealtert fühlt. Das Leben war immer mehr zu einer nicht mehr enden wollenden Kette von Terminen und Verpflichtungen geworden. Persönliche Reibereien, Anfeindungen und Vorwürfe hatten ihm dabei schwer zu schaffen gemacht. Doch im entscheidenden Moment – dies weiß er – kann er all diese Belastungen abstreifen, sich ganz auf das Ziel konzentrieren. Wie unruhig waren doch die Jahre nach Sigmundskron gewesen! Die ersten Sprengstoffanschläge, dann die »Feuernacht« vom 11. auf den 12. Juni 1961, die Welle von Verhaftungen und Hausdurchsuchungen, die Misshandlungen von Südtiroler politischen Häftlingen. Die Sprengstoffanschläge, der »Krieg gegen die Hochspannungsmasten«, war zu einem Symbol des Widerstandes, zu einem Fanal des Protestes geworden. Zwar verhielt sich die große Mehrheit der Bevölkerung ruhig, doch ihre Sympathie für die Bom-

Die Sprengstoffanschläge der »Bumser«

Verhaftungen, Hausdurchsuchungen und Misshandlungen

benleger (»Bumser«) war unverkennbar. Einen echten Aufstand in Südtirol zu entfachen, waren die »Freiheitskämpfer« jedoch nicht in der Lage. Ihre Liebe zur Heimat, die sie in Gefahr wähnten, war gewiss groß, ihr Mut nicht minder, ihre Opferbereitschaft manchmal gar unbegrenzt. Doch andererseits war ihr Horizont doch zu eng, zu lokal, um in strategisch-politischen Zusammenhängen denken zu können. Sie vermochten im entscheidenden Moment nicht, über ihren Schatten zu springen, verzettelten ihre Kräfte in Einzelaktionen.

Gottlob, denkt Magnago, denn ein Aufstand hätte in einem Blutbad enden müssen. Der Stärkere, der Staat, hätte sich durchgesetzt, Südtirol wäre in eine belagerte Festung umgewandelt, die Partei wohl verboten worden. Nein, ein Kampf *dieser* Art wäre aussichtslos, vor allem aber auch sinnlos gewesen. Aus Südtirol ein zweites Nordirland machen zu wollen, welch ein Wahnsinn! Eine Minderheit hat keine Divisionen und nur wenig Helfer in der Not. Und im Unglück ist man bekanntlich doppelt allein. Doch selbst für den unwahrscheinlichen Fall, dass es gelungen wäre, Italien in einem lang anhaltenden Guerillakrieg langsam zu zermürben, hätte er sich gegen die Gewalt erklären müssen. Denn Gewalt durfte *niemals* zum Instrument der Politik gemacht werden! In der Welt gab es bereits genug Beispiele, wie verhängnisvoll sich dieser Wahn ausgewirkt hatte. Am Ende gab es immer nur Verlierer, Sieger nie oder nur dem Scheine nach.

Andererseits: Rein gefühlsmäßig konnte er durchaus Verständnis dafür empfinden, dass manch einem Tiroler Patrioten einfach der Kragen geplatzt war, dass der Faden der Geduld, des gutmütigen Abwartens, des quälenden Zuwartens immer mehr zu reißen begonnen hatte. Denn die Verhandlungen mit Rom waren ebenso langwierig wie enttäuschend gewesen. Seine in Sigmundskron ausgesprochene

Aufstand wäre sinnlos gewesen

Gewalt darf niemals die Politik bestimmen

Warnung, die Geduld einer Volksgruppe nicht auf eine zu harte Probe zu stellen, hatte nicht gefruchtet. Zwar hatte sich die internationale Presse immer mehr für Südtirol zu interessieren begonnen, und Österreich hatte das ganze Ansehen der jungen Republik für das Land an Etsch, Eisack und Rienz in die Waagschale geworfen. 1960 waren sogar die Vereinten Nationen mit der Südtirolfrage befasst worden. Vierzehn Tage lang hatte sich der Politische Sonderausschuss des damals noch 88 Mitglieder zählenden Weltforums damit beschäftigt. Vertreter aus 26 Staaten hatten dazu Stellung genommen. Aufgrund einer schließlich einstimmig angenommenen Entschließung, gegen die sich Italien allerdings bis zuletzt gesträubt hatte, waren endlich die Verhandlungen zwischen Rom und Wien zustande gekommen. Doch die Konferenzen von Mailand, Klagenfurt und Zürich, an denen sich jeweils auch Vertreter der SVP in Rom als »Experten« betätigten, erwiesen sich als Schlag ins Wasser. Denn Rom beharrte auf dem Standpunkt, den Pariser Vertrag im Wesentlichen bereits erfüllt zu haben. Mehr als kleine »Korrekturen« und Ergänzungen könne man deshalb nicht vornehmen.

Südtirolfrage erhält internationalen Charakter

Dann – so erinnert sich Magnago – kommt es in Rom zur Bildung der Neunzehner-Kommission im September 1961. Die Sprengstoffanschläge haben die Südtirolfrage zeitweilig in den Mittelpunkt des internationalen Geschehens gerückt. Die von Innenminister Scelba eingesetzte Kommission ist ein zwar nicht ausgewogenes, doch arbeitsfähiges Gremium zur gründlichen Prüfung der Südtirolfrage. Zwar sind die Südtiroler darin in der Minderheit, aber sie sind dabei. Und nur das zählt. Aufgabe dieser Kommission ist es, der Regierung Vorschläge zur Erwirkung der Südtirolautonomie zu unterbreiten. Magnago und seine Mitarbeiter erkennen sofort die Mög-

Bildung der Neunzehner-Kommission in Rom

lichkeiten, die sich allein schon aus der Mitgliedschaft darin ergeben. Zum ersten Mal tritt man nicht als Bittsteller auf, sondern kann mitreden, die ganze Thematik des Problems in all seiner Tiefenwirkung ausbreiten. Die Regierung Fanfani mochte eine Befassung mit den politischen Hintergründen der Anschläge und den sich erschreckend häufenden Misshandlungen an Südtiroler Häftlingen ablehnen. Am Problem selbst kam sie jedoch nicht mehr vorbei.

Regierung Fanfani zeigt wenig Verständnis

Denn Österreich hatte die Südtirolfrage inzwischen neuerlich auf die Tagesordnung der Vereinten Nationen setzen lassen. Gleichzeitig befasste sich damit auch ein Unterausschuss der Politischen Kommission des Europarates: Der Stein war also ins Rollen gekommen. Bis Ende April 1962 war bereits eine Reihe von Fragen in der Neunzehner-Kommission zufrieden stellend behandelt worden. Magnago als Wortführer der SVP-Vertreter beurteilte ihre Arbeit vorsichtig positiv: *Südtirol braucht eine rasche Entscheidung*, hatte er Anfang April erklärt, *die nur in der Errichtung einer echten Autonomie bestehen kann, in der die deutsche und ladinische Volksgruppe geschützt und die Rechte der italienischsprachigen Bevölkerung garantiert werden.* Im Juli 1963 schien erstmals ein Ergebnis der Tätigkeit sichtbar. Doch immer wieder kam Sand ins Getriebe, immer wieder kam es zu Verzögerungen, die langsam den Verdacht einer bewussten Verschleppungstaktik zu erhärten schienen.

Die Südtirolfrage erneut vor den Vereinten Nationen

Doch am 23. Jänner 1964 kommt es nach stürmischen Debatten in der Kommission endlich zu einer Einigung über den Abschlussbericht. Er wird von allen Mitgliedern unterzeichnet und soll der Regierung als Basis für eine Regelung der Südtirolfrage dienen. Am 10. April tritt die Kommission im römischen Viminale-Palast zur Schlusssitzung zusammen. Magnago gibt im Namen der SVP eine Erklärung ab. Seine Mitarbeiter und er haben sie gut überdacht. In erster Linie will er damit italienischen Stellungnahmen,

Einigung über Abschlussbericht

dass man die Südtirolfrage »endgültig« lösen müsse, rechtzeitig vorbeugen:

Es besteht jedoch eine dauernde Entwicklung der politischen Körperschaften und Einrichtungen sowie auch der Wirtschaft und des sozialen Lebens, die niemandem verborgen bleiben kann und die notwendigerweise neue Probleme und neue Notwendigkeiten zutage fördert, die heute weder vorausgesehen noch erkannt werden können. Im menschlichen Leben und in den menschlichen Beziehungen gibt es nichts Endgültiges, und dieses dauernde Sich-Entwickeln, das die Starrheit der Paragraphen überwindet, bringt neue Erfordernisse hervor, beleuchtet neue Seiten und Probleme, die man in einem Geist der Verständigung anpacken muss und die in diesem Geiste auch zu lösen sind.

Diese Erklärung Magnagos hinterlässt einen starken Eindruck. Nicht wenige italienische Kommissionsmitglieder spüren instinktiv ihre Bedeutung. Der Obmann der SVP hat damit ein frühes »Paket«-Vermächtnis protokollieren lassen, seine pragmatische Lebensphilosophie politisch klug umgemünzt in eine wohlklingende, weil abgewogene Erklärung, fest im italienischen Wortlaut, so holprig sie sich auch in der ziemlich wörtlichen deutschen Übersetzung anhören mag. Sie kommt der Mentalität der Kommissionsmehrheit entgegen, entspricht textlich und stilistisch ihrer Denkform. Für die Südtiroler muss sie erst noch umgedacht werden, bevor sie in ihrer Wichtigkeit ganz begreiflich wird.

Am 21. Mai 1964 hat sich der Parteiausschuss zum Stand der Südtirolverhandlungen erstmals relativ optimistisch geäußert. An die Außenminister Österreichs und Italiens wird appelliert, die Verhandlungen zügig fortzusetzen. Am 25. Mai treffen sich diese wieder in Genf. Doch neuerlich tritt eine Verzögerung ein. Die internationale Verankerung des geplanten Maßnahmenpakets

Verzögerungstaktik der Italiener

für Südtirol wird vom italienischen Außenminister Saragat zurückgezogen. Dennoch drängt sein österreichischer Kollege Kreisky die Südtiroler, endlich ja zu sagen. Als die SVP am 8. Jänner 1965 in Innsbruck den als Kreisky-Saragat-Paket bekannten Lösungsvorschlag dennoch als unzureichend verwirft, führt dies zu einer Verstimmung, die lange andauern soll.

Kreisky drängt auf Zustimmung der Südtiroler

Damit beginnen sich nunmehr auch langsam die Fronten zu bilden. In einer Unzahl von inoffiziellen Treffen sammeln Magnago und Brugger ihre Anhänger. Die Entscheidung des Parteiausschusses vom 23. März 1967 zeigt dem Obmann die eher schmal gewordene Basis für seine Politik schmerzlich auf. Mit 29 gegen 24 Stimmen hat das SVP-Gremium dem »Paket« seine Zustimmung erteilt, vorausgesetzt, dass dafür eine ausreichende internationale Verankerung erfolgt. Doch auch dieser Beschluss erweist sich bald als vergeblich. Wieder verfliegt eine Hoffnung.

Für den Obmann ist die Basis schmal geworden

Dabei hätte, grübelt Magnago, sein Gespräch mit Aldo Moro vom 20. Oktober 1966 eigentlich den Durchbruch bringen müssen. Die von ihm geforderten Klärungen zu einigen Maßnahmen des »Pakets« waren inzwischen aus Rom eingetroffen. Zweimal je drei Stunden lang hatte er damals mit dem italienischen Ministerpräsidenten darum gerungen, hatte eindringlich, erläuternd, den Ernst der Lage beschwörend, auf ihn eingeredet. Erst nach den Unterredungen hatte er gespürt, wie sehr er sich dabei innerlich engagiert hatte. War es ihm gelungen, den großen Schweiger, den einsamen Zweifler im Palazzo Chigi zu überzeugen? Es schien so. Jedenfalls waren dies wichtige Tage gewesen.

Nach der Ablehnung des Kreisky-Saragat-Vorschlages hat man statt der internationalen Verankerung des geplanten Abkommens mit einem »Operationskalender« vorlieb nehmen müssen. Dieser Ausweg, der dem italienischen Prestigebedürfnis entgegenkommt, befriedigt nicht alle. Am 1. März 1969 wird darüber eine substantielle Einigung erzielt. Erstmals liegt somit ein Zeitplan zur Durchführung des »Pakets« vor. Wie Zahnräder sollen Maßnahmen der italienischen Regierung zur Verwirklichung der geplanten Autonomieerweiterung und österreichische Schritte ineinander greifen. Zwölf noch offene Punkte kann Magnago am 29. März in einem eingehenden Gespräch mit Moros Nachfolger Rumor abklären. Darauf hat der Parteiausschuss sein mehrheitliches Ja dazu gegeben. Das Abstimmungsergebnis ist respektabel ausgefallen: 41 Delegierte haben dafür, 23 dagegen gestimmt, zwei sich der Stimme enthalten. Man legt fest, dass die Landesversammlung am 22. November endgültig darüber befinden soll. Brugger und sein starker Anhang hatten diese entscheidende Vorrunde also doch wieder verloren! In die Entschließung der Mehrheit findet allerdings ein bedeutsamer Rest ihrer politischen Willensäußerung Eingang, der unter dem Druck der wochenlangen Auseinandersetzungen schließlich so formuliert wird:

Der Parteiausschuss stellt fest, dass er die angekündigten Maßnahmen als Akte in Durchführung des Pariser Abkommens betrachtet, das weiterhin eine Grundlage für die Sicherung unseres Volkes bildet, da dessen Zielsetzung einen dauernden besonderen Schutz der Tiroler Volksgruppe bildet. Der Parteiausschuss ist der Auffassung, dass das Paket nicht alle Befugnisse einer echten Selbstverwaltung enthält. Und dann wird die zukunftsweisende Erklärung des SVP-Obmannes aus der Schlusssitzung der Neunzehner-Kommission angefügt. Ja, dieses eine Mal war das bäuerliche Denken und der lange Atem Bruggers mit Magnagos Realpolitik eine glückliche Symbiose eingegangen. Doch gleich danach befanden sie sich wieder an einem Scheideweg.

In der ersten Reihe des Meraner Kursaales sitzt Brugger noch immer unbeweglich neben seinem Mitstreiter Joachim Dalsass. Die bei-

Das Paket nimmt Formen an

Jetzt liegt Zeitplan zur Durchführung des »Pakets« vor

Paket enthält nicht alle Befugnisse einer echten Selbstverwaltung

den SVP-Mandatare sind – so erinnert sich Magnago eine Sekunde lang – am 10. Mai auf der 20. Landesversammlung zu seinen beiden Stellvertretern gewählt worden. Nur aus der Härte der monatelangen Auseinandersetzungen zwischen den beiden Flügeln hat er sich damals zu einer Stellungnahme im »Volksboten« verleiten lassen, die eigentlich gegen seine diplomatischen Gewohnheiten verstieß:

Ich wäre nicht ehrlich, wenn ich ... nicht auch meine Enttäuschung über den Ausgang der Wahl der beiden Obmannstellvertreter zum Ausdruck bringen würde. In Anbetracht der Verschiedenheit der Meinungen, die besonders auch im Parteiausschuss am 23. März 1967 in Bezug auf die Annahme oder Nichtannahme des Pakets entstanden ist und die noch heute besteht, hätte ich mir erwartet, dass die Landesversammlung einen Obmannstellvertreter wählen würde, der die eine Richtung vertritt, und einen anderen, der die andere Richtung vertritt. Dass dies nicht geschehen ist, ist meines Erachtens ein Fehler und erschwert die Arbeit innerhalb der Partei und auch meine Arbeit.

Eine Woche später haben Brugger und Dalsass scharf gekontert. Dann ist die Polemik, die viel Staub aufgewirbelt hatte, glücklicherweise wieder eingeschlafen. Auch an die Spitze der neu gegründeten Jugendorganisation der Partei ist ein »Paket«-Gegner gewählt worden, ein politischer Feuerkopf, der wegen der anstehenden Abstimmung im Parteiausschuss der SVP sogar seine Hochzeitsreise verschoben hat. Es handelt sich um den Autor dieses Buches.

Neu gegründete Jugendorganisation der Partei wird von Paket-Gegner geführt

Der Obmann eröffnet die außerordentliche Landesversammlung

Mit nur wenigen Sätzen eröffnet Magnago nun die außerordentliche Landesversammlung. Seine Anhänger spenden ihm bereits zu Beginn stürmischen Beifall. Es ist ein Applaus der Ermunterung. Der Kursaal ist bis zum letzten Platz besetzt. Viele Delegierte müssen stehen. Ruhig und sachlich beginnt der Obmann seinen langen Bericht. Er spricht betont langsam, fast monoton. Detailliert geht er auf die mühevollen Verhandlungen, dann auf die komplizierten Textfragen des »Pakets« ein. Nun klingt seine Stimme schon bestimmter, fordernder. Den Zeitdruck, unter dem die Diskussion auch auf österreichisches Drängen hin in den letzten Wochen gestanden hat, münzt er dialektisch-geschickt in ein Argument zu seinen Gunsten um:

Manche Redner haben in den Bezirksversammlungen hervorgehoben, dass wir unter einem großen Zeitdruck gestanden seien. Das stimmt. Wenn aber der Parteiausschuss einstimmig beschlossen hat, am 22. November die Landesversammlung abzuhalten, so auch deswegen, damit bald eine Entscheidung falle und wir dadurch von einer schweren Last befreit werden. Je früher wir entscheiden, desto besser ist es für die Partei, weil umso früher dann unter uns eine Entspannung erfolgen wird und muss, im Interesse einer dringend notwendigen besseren Zusammenarbeit in der Partei zum Wohle der Heimat. Wir müssen die Kraft aufbringen, die erforderliche Entscheidung zu treffen.

Rasche Entscheidung ist für die Partei von Vorteil

Den letzten Satz hat er besonders nachdrücklich gesprochen. Er entspricht seiner tiefsten Überzeugung, bildet Bestandteil seines politischen Credos. Nun schlägt in seiner Stimme, in seiner ganzen Haltung auch wieder der unbeugsame Wille durch, sich um jeden Preis durchzusetzen. Im Saal wird unterdessen noch von beiden Seiten erregt versucht, einzelne Delegierte umzustimmen. Meist ist dies vergebliche Mühe, denn alle Argumente dafür und dagegen sind bis zum Überdruss wiederholt, ja wiedergekaut worden. Beide Lager haben sich hinter ihren Standpunkten verschanzt. Größere Kräfteverschiebungen sind deshalb auszuschließen, um kleine Geländegewinne wird hingegen noch erbittert gekämpft. Der Vorsitzende der Landesversammlung, Robert von Fioreschy, hat ausgedrückt, was alle fühlen: *Dieser Tag wird in die Geschichte Südtirols eingehen.*

Standpunkte der beiden Lager verhärten sich

Kaum hat Magnago, vom Beifall seiner Anhänger rhythmisch begleitet, das Rednerpult verlassen, beginnt der Reigen der Stellungnahmen. Schon wogt das Pro und Contra der Wortmeldungen, schon streitet man sich über einzelne Stellen des Berichtes.

Mit Überraschung vernehmen die Delegierten, dass Bruno Kußtatscher vom Bezirksausschuss Brixen, bisher ein erklärter Gegner des »Pakets«, nun dazu plötzlich ja sagt. Er spricht ergriffen von einer Art »Bekehrung«, die ihm widerfahren sei, eine Bemerkung, die im Lager Bruggers sichtlichen Ärger hervorruft.

Vierzehn Stunden lang dauert die Marathondebatte. In vielen Südtiroler Häusern umlagert man den Radioapparat, der die Wortmeldungen »live« durchgibt. So überträgt sich die einzigartige Stimmung des Meraner Kursaales bald auf das ganze politisch interessierte Land. Schwere Parteikaliber und junger, zorniger Nachwuchs streiten sich, meist sachlich und besonnen, doch auch einzelne persönliche Ausfälle werden registriert.

Am späten Nachmittag des 22. November zeichnet sich überraschend eine Besserung der Position der »Paket«-Gegner ab. Brugger ist es mit seiner ruhigen, doch eindringlichen Sprache gelungen, Unsicherheit in die Reihen der Befürworter zu tragen. Alfons Benedikter und Joachim Dalsass stechen nach, Hans Dietl, der kompromissloseste Vertreter eines harten Nein gegenüber Rom, kontert auf Friedl Volgger, der psychologisch äußerst geschickt argumentiert hat. Doch auch die Appelle von Roland Riz, den Vorschlag anzunehmen und »weiterzustreiten«, von Karl Mitterdorfer und Toni Zelger, Magnagos engsten politischen Freunden, hinterlassen Eindruck. Man solle sich, so hat bereits der Obmann betont, und dieses Argument wird immer wieder angeführt, der Zukunft nicht durch ein Nein verschließen. Um 20.40 Uhr

Redeschlacht bis um Mitternacht

Brugger verunsichert Reihen der Befürworter

scheinen auf der Rednerliste noch immer 36 Namen auf. Die Welle ist nicht zu bremsen. Zwei Stunden später sind es immer noch 26. Um Mitternacht wird die Rednerliste geschlossen, über ein Dutzend Delegierte müssen enttäuscht auf ihre Stellungnahmen verzichten. Brugger und Magnago treten für die beiden Gruppen zur Schlusserklärung an. In den letzten Stunden scheint sich die Stimmung im Saale wieder eindeutig zugunsten des Obmannes gewendet zu haben. Doch wie weit dies wirklich der Fall ist, ist schwer zu erkennen.

Noch einmal spitzen sich die Meinungen zu: *Wir verlieren nichts von dem, was wir bereits haben, wenn wir zu diesem Angebot nicht ja sagen ... Mir ist um die Zukunft unserer Südtiroler nicht bange, wenn sich in unserer Jugend der Wille zur Ertüchtigung und zur besseren Leistung durchsetzt und wenn wir auch außerhalb dieses Pakets noch vorhandene Möglichkeiten mit aller Energie ausnutzen.* Brugger spricht damit seine politischen Grundgedanken aus, in deren Bahnen er seine Überlegungen anstellt. Sie werden sich auch in späteren Jahren nicht wesentlich verändern.

Auch Magnago legt in seiner Schlusserklärung sein innerstes Wesen in die Waagschale. Um die Entscheidung zu erzwingen, fegt er alle Gegenargumente vom Tisch. Nachdem er nochmals auf einige juristische Details eingegangen ist und diese erklärt hat, wählt er eine ganz einfache, bildhafte Ausdrucksweise, um bei den Delegierten rhetorisch zu wirken: *Wenn wir ja sagen, marschiert das ganze Paket durch die offene Tür herein, wenn wir nein sagen, marschiert gar nichts herein.* Die Region, so betont er, sei erfolgreich ausgehöhlt worden, man sei einer echten Landesautonomie für Südtirol nahe gerückt. Nun aber sei der »Strick bis zum Zerreißen gespannt«. Mehr sei aus dem römischen Fass einfach nicht mehr herauszuholen, weder mit Härte noch mit Taktik. Und dann folgt der kompromisslose Schlusssatz, der Mahnung und Warnung zugleich ist. Er wird in ähnlicher

Magnago will Entscheidung erzwingen

Form bis in die achtziger Jahre immer wieder zu vernehmen sein: *Die Partei kann nicht immer von Zukunftsmusik leben. Ein Nein, auch wenn im guten Glauben ausgesprochen, wäre ein verhängnisvoller Fehler.* Dann nimmt er seine Krücken und verlässt das Rednerpult. Er fühlt sich wie ausgelaugt, als er unter dem frenetischen Beifall seiner Anhänger mühsam die Stufen hinunter zu seinem Sitzplatz geht.

Im Saale hat inzwischen schon die Stimmabgabe begonnen. Die Spannung, diese einzigartige Mischung aus Neugier, Furcht und Hoffnung, hält unvermindert an. Um halb drei Uhr früh wird – endlich! – das Ergebnis bekannt gegeben: 588 dafür, 492 dagegen, 15 Enthaltungen. Es ist, denkt Magnago, knapper ausgegangen, als er es eigentlich in seinem Innersten erwartet hat. Eine beängstigend schmale Plattform für den risikoreichen Versuch, ein Stück leidvoller Vergangenheit zu bewältigen! Wenn nur Rom nun sein Wort hielte! Die nächsten Jahre würden jedenfalls wieder schwer werden. Doch der Stein war nun endlich ein Stück den Berg hinaufgewälzt worden! Die Last der Entscheidung lag hinter ihm, hinter seiner Partei. Sie war *allen* schwer gefallen. Leichten Herzens hatte niemand ja zu einem Vorschlag gesagt, der kaum jemand ganz befriedigen konnte, und niemand hatte leichtfertig nein gesagt, weil dafür wieder zu viel angeboten worden war. Der große Sieger in diesem Ringen waren die Delegierten der Landesversammlung gewesen, alle zusammen. Denn trotz aller Härte, trotz aller Leidenschaft war der Kampf bis zuletzt politisch und menschlich fair geführt worden. Daran konnten auch einzelne Entgleisungen nichts ändern. Die SVP hatte damit alle Zweifler beschämt, ihre Reife und ihr Demokratieverständnis unter Beweis gestellt. Sie hatte damit ein Beispiel gegeben. Später wird Magnago einmal in Erinnerung daran sagen:

Ergebnis der Abstimmung knapper als erwartet

Trotz aller Härte und Leidenschaft: Kampf wurde fair geführt

Aber eben dies ist Parteileben. Parteizugehörigkeit heißt, leben in und mit den Problemen der Zeit, heißt Auseinandersetzung mit ihnen, heißt Teilnahme aller Mitglieder am Reifeprozess von gesellschaftlichen, sozialen, wirtschaftlichen und politischen Fragen, um dann die gereiften Anschauungen im öffentlichen Leben ... durchsetzen zu können.

Noch immer ist der Saal fast voll besetzt. Die Glückwünsche seiner politischen Freunde zu »seinem« Sieg nimmt er kaum mehr wahr. Denn er denkt bereits an das, was nun getan werden muss. Das Wichtigste ist, die Kluft in der Partei schnell zu schließen. Nun, nachdem die Entscheidung gefallen ist, muss der schädliche Zwist endlich ein Ende finden. Die von menschlichen Eitelkeiten und allzu großer Empfindsamkeit gefärbten Polemiken müssen im Interesse der gemeinsamen Sache aufhören! Dazu kann auch er nun bei der Pressekonferenz einen Beitrag leisten. Vor allem die italienischen Journalisten, die besonders zahlreich nach Meran gekommen sind, um das politische Ringen aufmerksam zu verfolgen, müssen wieder das Bild einer einigen, nach außen hin, trotz aller inneren Gegensätze, geschlossenen Volkspartei vermittelt bekommen. Denn sonst könnte Rom nur allzu leicht in Versuchung geraten, beide Richtungen gegeneinander auszuspielen oder mit der Durchführung zu zögern. Beides wäre gleich verhängnisvoll.

Kluft in der Partei muss rasch geschlossen werden

Als das Ergebnis bekannt gegeben wird, geschieht etwas Unerwartetes, zumindest für all jene, die Peter Brugger noch immer nicht gut genug kennen. Der Vertreter des nur knapp unterlegenen Oppositionsflügels zum »Paket« steht auf, geht zu Magnago auf das Podium und drückt ihm im Lichte der Scheinwerfer fest die Hand. Der Obmann spürt sofort, dass dies mehr ist als nur eine formelle Gratulation, mehr als eine Geste der politischen Höflichkeit, mehr als eine Pflichtübung. Denn dieser Händedruck ist zugleich das Ver-

Die Schlacht ist geschlagen

Mehr als eine Geste der Höflichkeit: Brugger gratuliert Magnago zu seinem Erfolg

sprechen zur fairen, loyalen Zusammenarbeit, zur Mitarbeit bei der »Paket«-Verwirklichung.

Vielleicht, überlegt Magnago, hat gerade die harte Opposition Rom dazu bewogen, noch einige Zugeständnisse zu machen. Manche Klärungen mit Moro und Rumor wären wohl kaum so zufrieden stellend erfolgt, wenn er nicht immer wieder auf den hartnäckigen Widerstand in den eigenen Reihen hätte verweisen können. Diese Trumpfkarte war vielleicht nicht immer überzeugend gewesen. Aber sie hatte gestochen. Freilich, dieses monatelange Tauziehen hatte übermenschlich viel Kraft gekostet. Nun, da alles vorbei ist, befällt ihn eine unbeschreibliche Müdigkeit. Die Anspannung ebbt ab. Die eigene Unbeirrbarkeit, wird er später einmal sagen, den einmal als richtig erkannten Weg folgerichtig weiterzugehen, war der eigentliche Schlüssel zum Erfolg gewesen. *Tiefste Überzeugung und der Sinn für richtige Taktik* hatten sich dabei die Waage gehalten.

Inzwischen ist es fast vier Uhr früh geworden. Die Pressekonferenz ist vorbei, die Neugier der Fragenden befriedigt. Kein Beistrich an diesem »Paket«, so hat er nachdrücklich betont, dürfe geändert oder gar weggenommen werden. Denn sonst würde die Zustimmung der Landesversammlung sofort verfallen. Er nimmt seine Krücken, greift nach seiner schwarzen Aktentasche und geht, noch nachdenklicher und gebeugter als sonst, langsam aus dem Saal. Die Novembernacht umfängt ihn kalt, als er in der Freiheitsstraße in den Wagen steigt. Der Chauffeur fährt heute besonders behutsam an. Bald würde man in Bozen sein und schlafen können; ein neuer Tag ist angebrochen.

Kein Beistrich darf an diesem »Paket« geändert werden

Die junge Familie Magnago: Der kleine Silvius, zum Zeitpunkt dieser Aufnahme ungefähr fünf Jahre alt, und seine beiden Schwestern (Selma rechts und Maria) erlebten eine harmonische Kindheit mit Nestwärme und Geborgenheit. Magnagos Mutter, Helene Redler, stammte aus Bregenz, sein Vater Silvius war Welschtiroler und wirkte in Meran als Bezirksrichter.

96

Bezirksrichter Dr. Silvius Magnago war Absolvent des deutschen Franziskanergymnasiums in Bozen. In Innsbruck wurde dem »tirolensem tridentinum« der Doktortitel der Jurisprudenz verliehen. Bis 1915 wohnte die Familie in der Passerstadt, dann in Bozen, wo Magnago senior als k. u. k. Landesgerichtsrat (hier in Gala-Uniform anlässlich des Geburtstages des Kaisers) tätig ist.

Mit »Onkel Artur«, seinem Firmpaten, posiert der Achtjährige am 5. November 1922 in Bozen vor dem Fotografen.

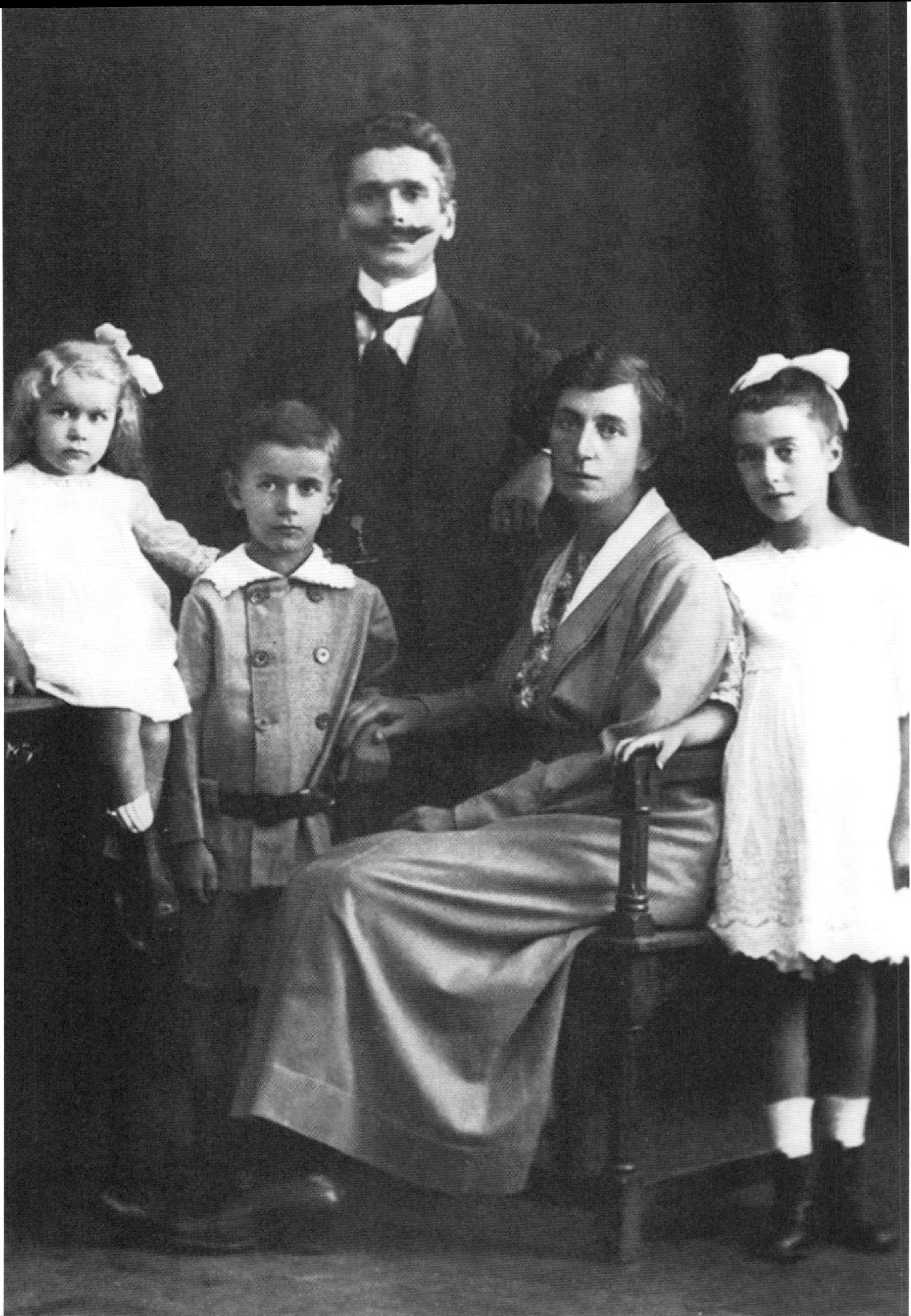

Der zehnjährige Bub mit Vater, Mutter und Schwestern wirkt bereits ernst und in sich gekehrt; ein Wesensmerkmal, das sich später noch vertiefen wird.

Als junger Student

Magnago (links) mit anderen Südtirolern (ganz rechts Norbert Mumelter) bei der militärischen Ausbildung (Umschulungskurs) auf einer Geländeübung in Mühlau bei Innsbruck Ende Jänner 1943

Der »fesche« Leutnant als Offizier der Deutschen Wehrmacht kurz vor seiner Verwundung an der russischen Front.
Magnago war Leutnant im 138. Gebirgsjägerregiment in der 3. Gebirgsjägerdivision.

101

102

Foto Kretz

Das jungvermählte Paar. Am 15. Oktober 1943 heiraten Silvius und Sofia auf dem Standesamt im »Goldenen Dachl« in Innsbruck. Einen Tag später findet in Landeck die kirchliche Trauung statt.

Ein historisch bedeutsames Foto – die Eröffnungssitzung des Südtiroler Landtages vom 20. Dezember 1948. Der 34-jährige Magnago, Vertreter einer vom Schicksal hart geprüften Generation und, wie sein Land, Opfer zweier Diktaturen, wird damals zum Landtagspräsidenten gewählt. Das Foto zeigt ihn bei seiner Antrittsrede. »Er ist nun in einer sehr hohen Stellung, und der liebe Gott möge ihn segnen, dass er das neue Amt gut und zum Wohle Südtirols ausüben kann ...«, schreibt seine Frau Sofia eine Woche später auf die Rückseite dieses Fotos.

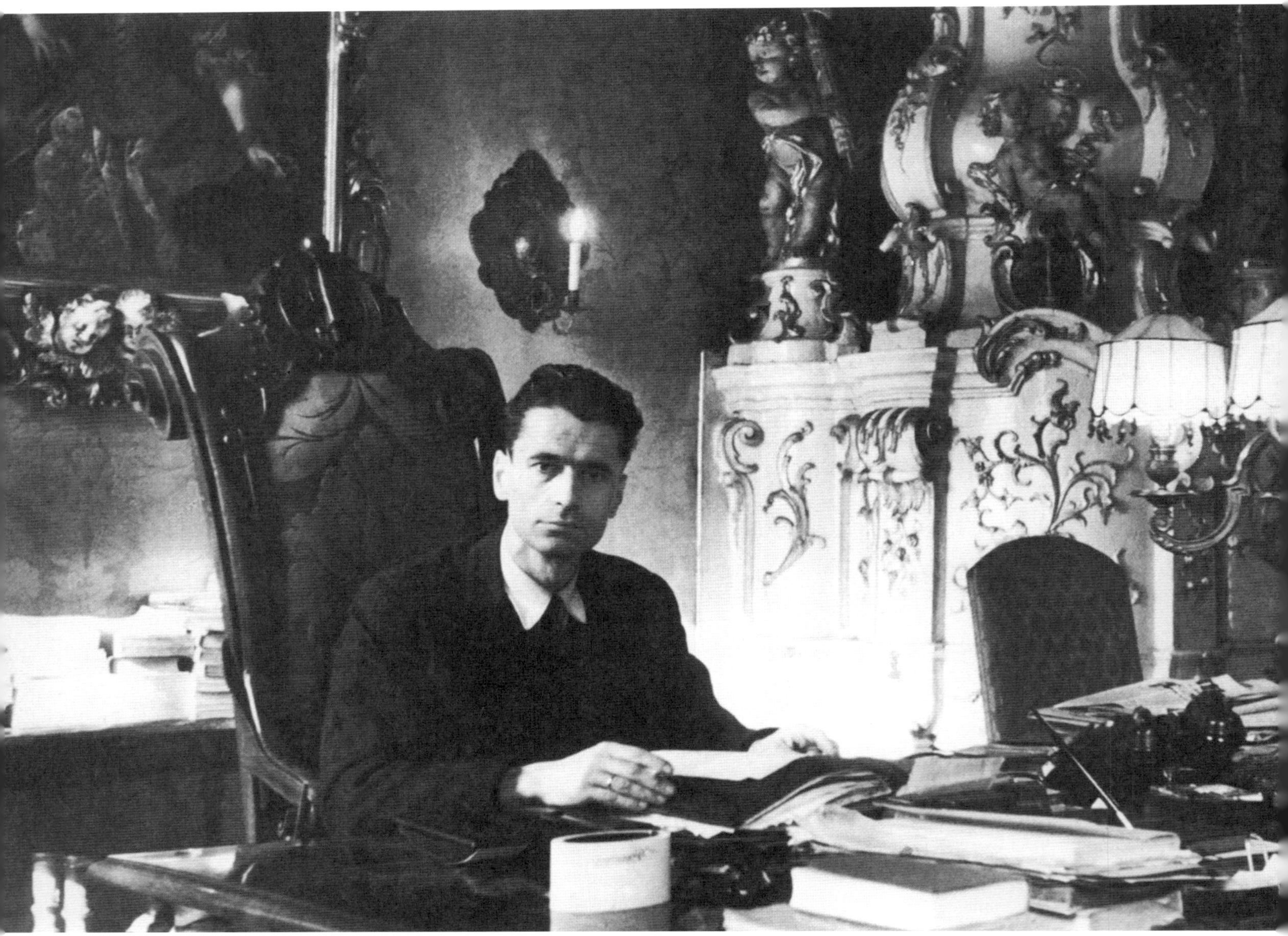

Tradition verpflichtet: Bis zur Fertigstellung des Landhauses in Bozen residierte Magnago in seiner Eigenschaft als Präsident des Regionalrates als Gast der Bozner Handelskammer in deren »Kanzlerzimmer«.

Magnago als Vorsitzender des Regionalrates. Das Foto (links von ihm Alfons Benedikter als Sekretär des Präsidiums, in der ersten Reihe in der Mitte Regionalausschusspräsident Tullio Odorizzi, der durch seine Unbeugsamkeit gegenüber maßvollen Südtiroler Forderungen viel zur Verschärfung der politischen Lage in den fünfziger Jahren beitrug, rechts von Magnago der Regionalassessor für Finanzen, Paul Mayr, und daneben Friedrich Teßmann, Regionalassessor für Landwirtschaft) wurde während der ersten Legislaturperiode bei einer Sitzung in Trient aufgenommen.

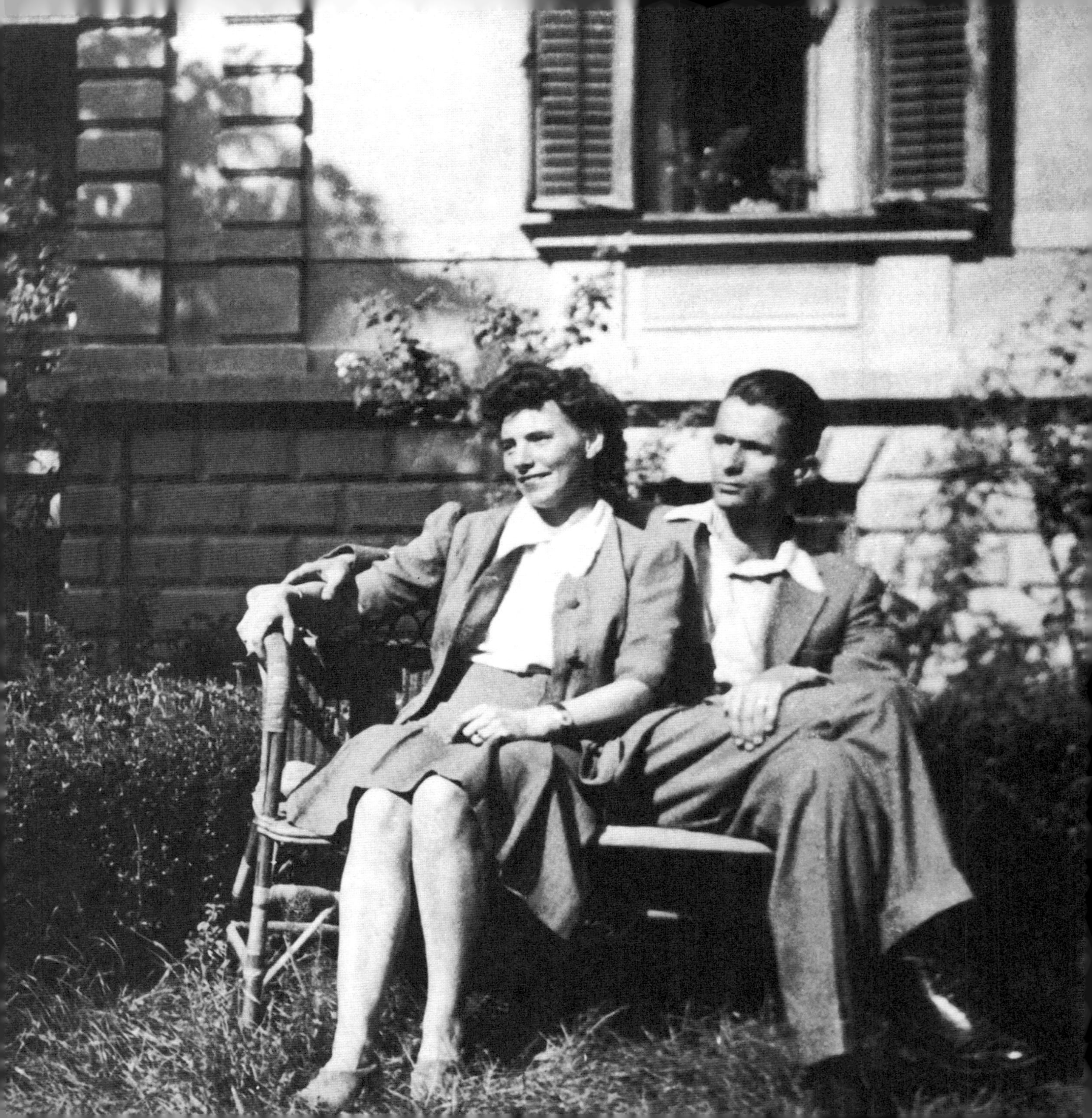

Eine Erinnerung an den vierten Hochzeitstag. Das Foto wurde am 15. Oktober 1947 im Garten der »Villa Lener« in der Bozner Runkelsteiner Straße aufgenommen.

Urlaubstage in Grado. Das Foto stammt aus den fünfziger Jahren.

»Der lieben Mutter, ein Gruß aus der Lüneburger Heide«, liest man auf diesem Foto rechts. Das Ehepaar Magnago verbrachte dort im August 1959 unbeschwerte Urlaubstage.

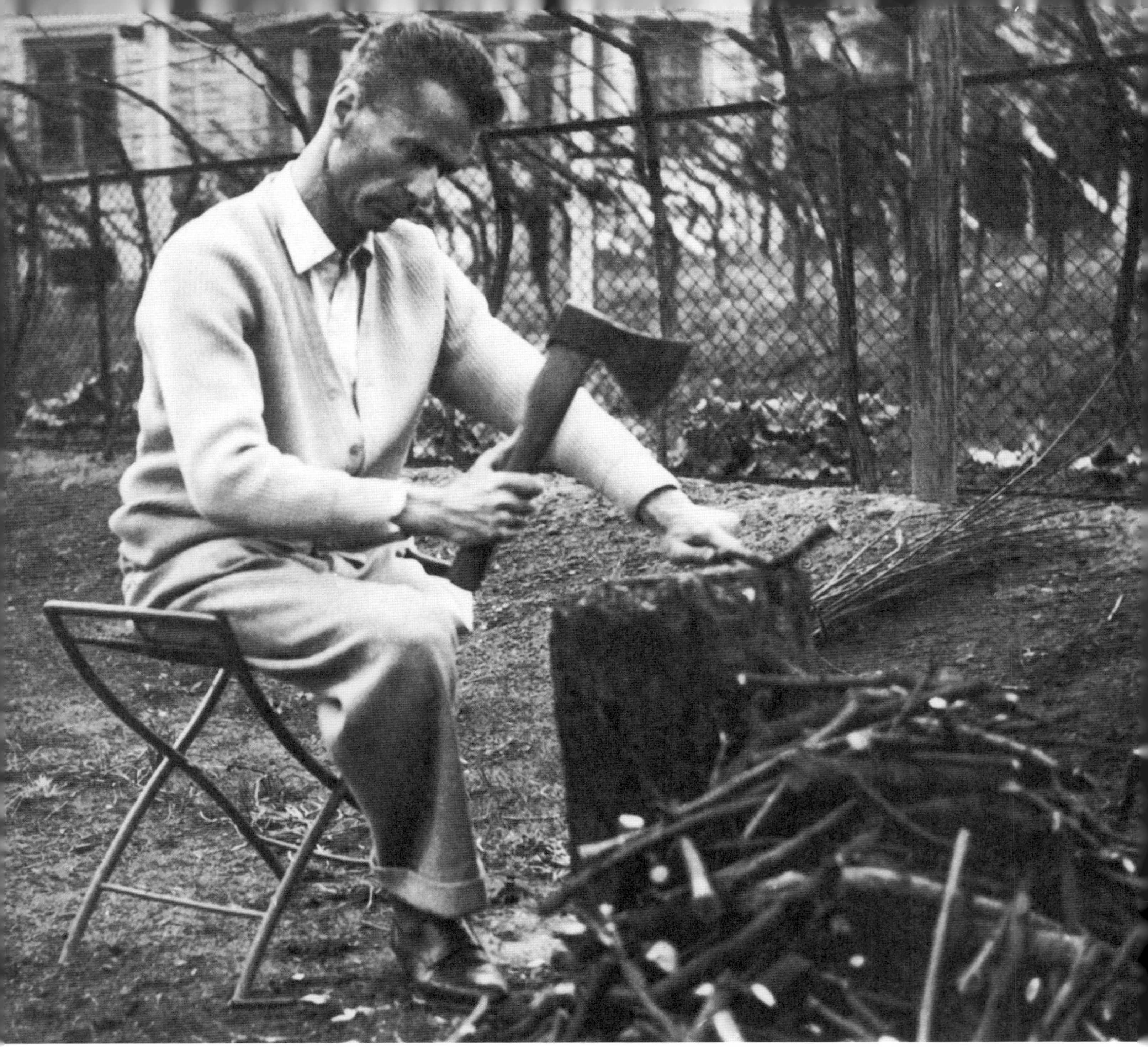

Foto »Dolomiten«

Erholung beim Holzhacken
im Garten seines Hauses in
der Runkelsteiner Straße

Kanonikus Michael Gamper, der große, unbeugsame
Streiter für die Rechte Südtirols, im Gespräch mit Freunden
(links Senator Karl Tinzl, rechts Abgeordneter Toni Ebner)

Schloss Sigmundskron – ungefähr 35.000 Menschen aus allen Tälern und Bevölkerungsschichten des Landes demonstrierten gegen die italienische Überfremdungs- und Assimilierungspolitik, durch die sich die Südtiroler in ihrer politischen Existenz bedroht fühlten. Kanonikus Michael Gamper, die herausragende Figur der Südtiroler Nachkriegspolitik, sprach zu Recht vom »Volk auf dem Todesmarsch«.

»Für ein autonomes Südtirol!«, befreit von den Fesseln der Bevormundung durch Trient, versammelte sich damals Jung und Alt auf Schloss Sigmundskron. Der Weg zu diesem Ziel war jedoch überaus lang und steinig. Niemand wusste dies besser als Magnago, der »Vater des Pakets«, durch das Südtirol einer echten Landesautonomie ein entscheidendes Stück näher kam.

Foto »Dolomiten«

Die italienische Zuwanderungs- und Assimilierungspolitik führte zu einer wachsenden Unzufriedenheit in der Südtiroler Bevölkerung. Der Unmut nahm bald auch gewalttätige Formen an und bescherte dem Land die unruhigsten Jahre seiner Nachkriegsgeschichte. Die Sprengstoffanschläge, der »Krieg gegen die Hochspannungsmasten«, erreichte in der »Feuernacht« vom 11. auf den 12. Juni 1961 seinen ersten Höhepunkt. Der Staat reagierte darauf mit einem massiven Einsatz von Heer und Polizei sowie einer Welle von Verhaftungen und Hausdurchsuchungen.

Die großen Sprengstoffprozesse der sechziger Jahre – das Foto zeigt eine Verhandlung im Mailänder Schwurgerichtssaal (vorn der Gerichtshof, rechts die Angeklagten, in der Mitte die Verteidiger) – lenkten das Interesse der italienischen Öffentlichkeit auf die politisch explosive Lage in Südtirol und führten teilweise zu einem ersten Umdenken. Im Lande selbst erregte sich ein großer Teil der Bevölkerung zu Recht über schwere Misshandlungen von Südtiroler politischen Häftlingen durch Carabinieri – ein Skandal, der Italien auch international in Misskredit brachte.

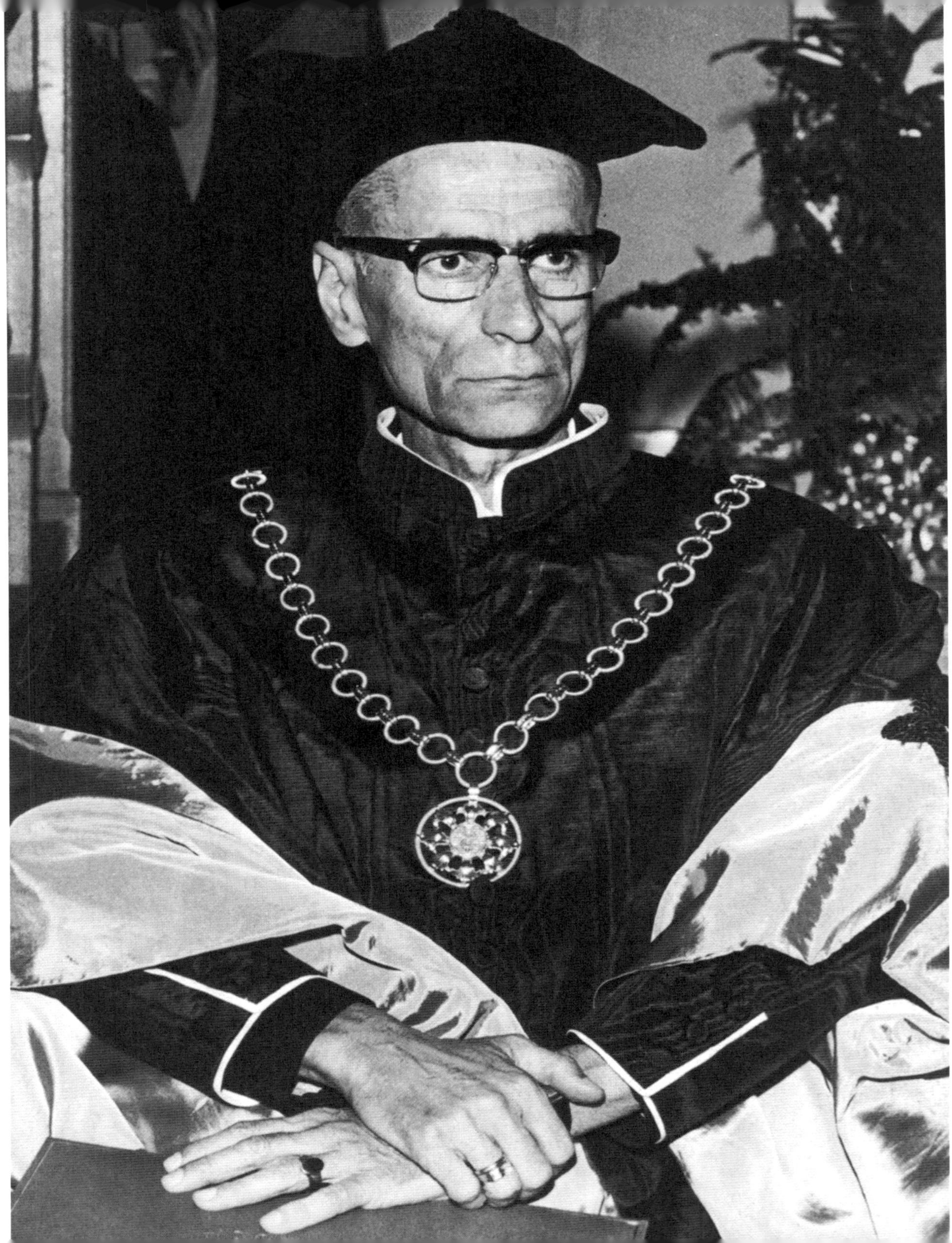

Als Ehrensenator der
Innsbrucker Universität
am 5. Juni 1970

Verdienste um Europa: Im Jänner 1971 erhält Magnago
in Straßburg den begehrten Robert-Schuman-Preis.

Der Redner Magnago: Seine leidenschaftliche Rhetorik vermochte lebenslang zu begeistern. Hier auf einer Tagung katholischer Publizisten auf Schloss Baumgarten in Auer. Links neben ihm der im Sommer 1979 allzu früh verstorbene SVP-Fraktionsführer im Südtiroler Landtag, Parlamentsabgeordneter Hugo Gamper, und der langjährige »Dolomiten«-Chefredakteur Toni Ebner.

Bayern und Tirol: Neben der traditionellen Bindung Südtirols an Tirol und an das »Vaterland« Österreich steht auch die Freundschaft zu Bayern im Vordergrund. Bayernherzog Tassilo III. gründete 769 das Benediktinerstift Innichen, dessen Kirche in der Bauform von 1200 als das schönste und einheitlichste Denkmal romanischer Architektur in Tirol gilt. Als diese 1968/69 mit großzügiger Hilfe der bayerischen Staatsregierung einer umfassenden Innen- und Außenrestaurierung unterzogen wird, dankt der Südtiroler Landeshauptmann auf einer Feier in Innichen für dieses sichtbare Zeichen der Verbundenheit. Im Foto von links nach rechts: Valerius Dejaco († 1983), langjähriger Bürgermeister von Brixen und Landtagsabgeordneter, Karl Wachtler, Bürgermeister von Innichen, Diözesanbischof Msgr. Joseph Gargitter, der damalige bayerische Ministerpräsident Alfons Goppel und links im Vordergrund Anton Zelger, Landesrat für Schule und Kultur.

Ob sich der kleine Mann wirklich schon für den Festvortrag des Landeshauptmannes 1972 in Sand in Taufers interessiert? Wie kein anderer in Südtirol vermochte es Magnago als Redner, die Massen in seinen Bann zu ziehen.

Der Vorgänger und sein Nachfolger im angeregten Gespräch: Der im Dezember 1981 allzu früh verstorbene SVP-Parlamentarier und Europarat Toni Ebner verzichtete 1957 freiwillig auf eine neuerliche Kandidatur als Obmann der Partei. Damit schlug die Stunde für den damals 43 Jahre alten Magnago, der auf der Landesversammlung vom Mai 1957 vor allem von Verfechtern eines härteren Kurses gegenüber Rom in den Sattel gehoben worden war. Ebner und Magnago kannten sich bereits seit der gemeinsamen Hochschulzeit in Bologna.

Foto »Dolomiten«

Gemeinsame Sitzung der Landtage Tirols. Die geistig-kulturelle Einheit des geteilten Landes trotz der politischen Teilung zu bewahren, stellte für Magnago ein Herzensanliegen dar.

Foto K. Penn

Am 28. Mai 1983 wird Magnago im Rahmen einer Festsitzung des Gemeinderates zum Ehrenbürger von Kastelruth ernannt. Damit erreichen die Jubiläumsfeiern zur Erstnennung der Ortschaft vor rund tausend Jahren ihren Höhepunkt. Mit dem Gebiet rund um den Schlern, einem herrlichen Flecken eines schönen Landes, verbinden Magnago besonders angenehme Erinnerungen. Denn in Kastelruth hat seine Familie fünfzehn Jahre lang die Sommerfrische verbracht. – Unser Foto zeigt den Ehrenbürger mit dem Kastelruther Gemeinderat in der historischen Festtagstracht. Rechts neben Magnago der ehemalige Bürgermeister der Schlerngemeinde, Vinzenz Karbon (verstorben 2004).

Tiefe Frömmigkeit, gläubiges Gottvertrauen und innige Heimatliebe sind die Wurzeln, aus denen die Tiroler seit vielen Jahrhunderten die Kraft zur Bewältigung schwerer Zeiten schöpfen. Das Foto, auf dem ganz rechts oben Senator Karl Mitterdorfer zu erkennen ist, entstand 1959 anlässlich der 150-Jahr-Feier zum Gedächtnis der Freiheitskämpfe von 1809 in Klausen.

Mit dem langjährigen österreichischen Außenminister und Bundeskanzler Bruno Kreisky (links von Kreisky sein 1983 gewählter Nachfolger Fred Sinowatz, hinter Magnago der österreichische Bundespräsident Rudolf Kirchschläger mit Gattin) hatte Magnago in seiner mehr als 25-jährigen Amtszeit als SVP-Obmann zahlreiche Kontakte. Kreisky und Kirchschläger haben sich durch ihr Wirken für Südtirol große Verdienste erworben.

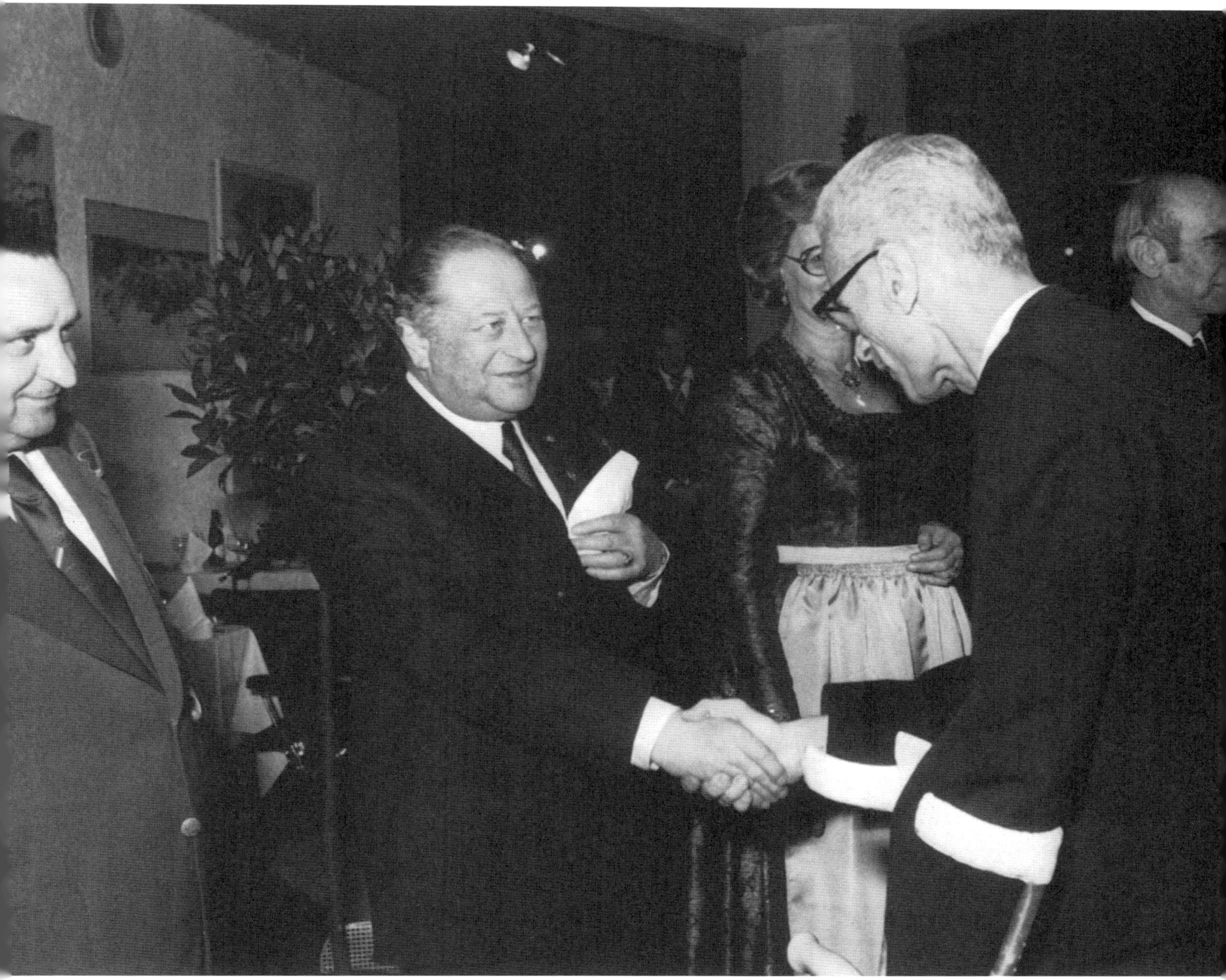

Mit dem Land Steiermark ist Südtirol nicht zuletzt durch die Gestalt von Erzherzog Johann verbunden. Bis 1833 durfte der in Tirol überaus beliebte Erzherzog auf Metternichs Befehl das Land richt betreten, weshalb er seine Tätigkeit der Steiermark widmete. Doch Tirol hielt ihm die Treue. Als das Land im Kriegsjahr 1848 im Süden bedroht wurde, genügte sein Aufruf, um die Tiroler wieder zu den Fahnen zu holen. Als der Erzherzog 1859 starb, wurde er in die Gruft der Johanneskapelle bei seiner Burg Schenna gelegt. Der ungekrönte König von Tirol ruht seitdem im Herzen jenes Landes, dem seine ganze Liebe galt. Das Foto zeigt Landeshauptmann Magnago mit seinem damaligen Amtskollegen aus der Steiermark, Josef Krainer, während einer Feier anlässlich des 200. Geburtstages von Erzherzog Johann 1982 in Schenna.

Als Vorsitzender der Sammelpartei SVP pflegte Magnago naturgemäß besonders die Kontakte zu den Volksparteien des deutschen Sprachraumes und hier wieder besonders mit der ÖVP unter ihrem damaligen Vorsitzenden und langjährigen Außenminister Alois Mock. Das Foto zeigt die beiden Politiker während des 13. Landesparteitages der steirischen ÖVP. Links neben Magnago der langjährige steirische Landeshauptmann Friedrich Niederl, rechts von Mock der damalige Wiener Landeshauptmann-Stellvertreter und spätere ÖVP-Obmann Erhard Busek und der frühere österreichische Unterrichtsminister Theodor Piffl-Percevic.

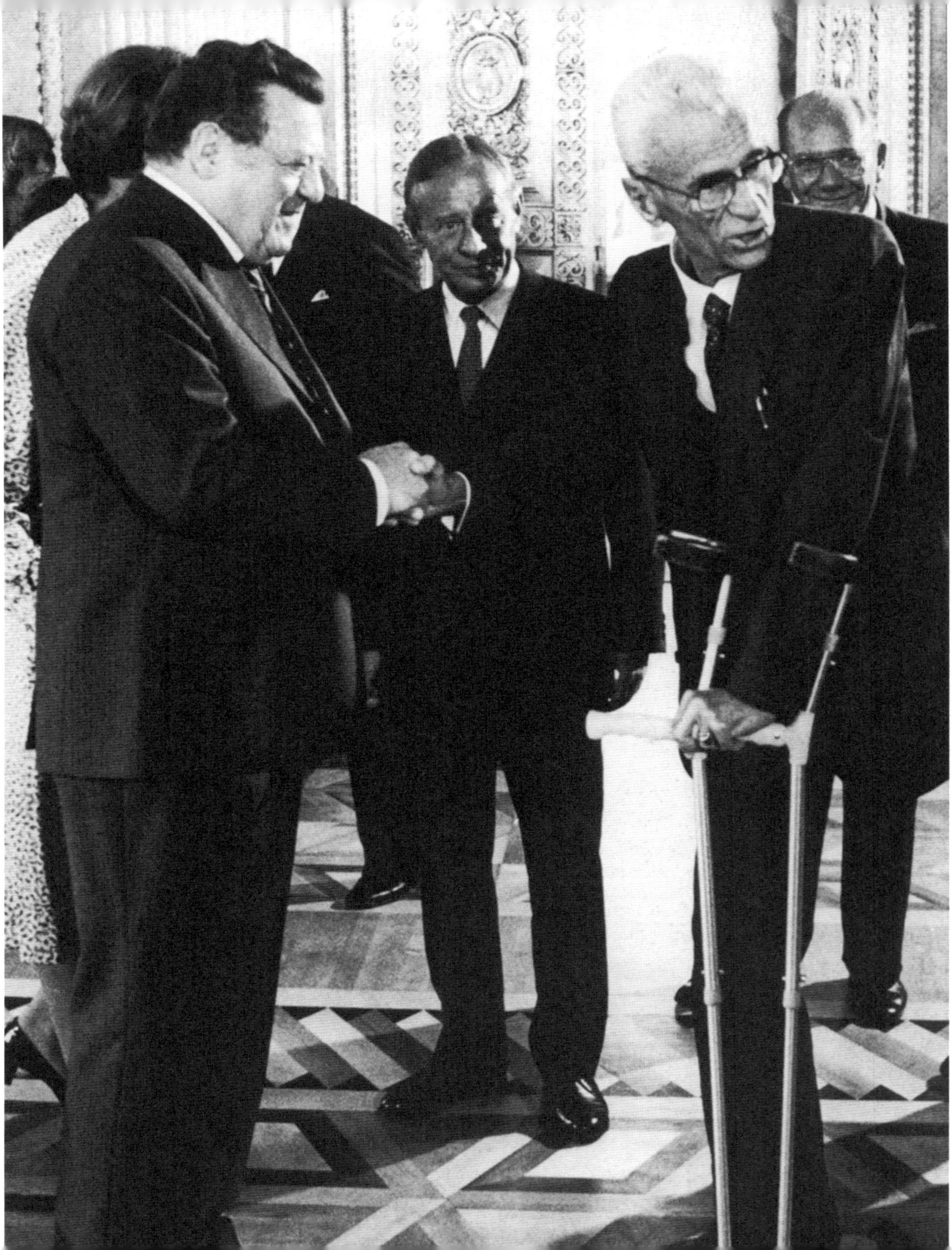

Strauß und Magnago. Zwischen den beiden mit unterschiedlichem Temperament bedachten Politikern bestand trotz aller Wesensunterschiede jenes gemeinsame geistig-kulturelle Fundament, das ein harmonisches Zusammenwirken, so etwa im Rahmen der Arge Alp, ermöglichte.

Der damalige italienische Staatspräsident Sandro Pertini verbrachte seit Jahren seinen Urlaub in Wolkenstein im schönen Gröden. Pertini war – wie Magnago – trotz seines hohen Alters noch immer ein »Energiebündel«.

Mit dem Gebiet rund um den Schlern, einem herrlichen Flecken eines schönen Landes, verbanden Magnago besonders angenehme Erinnerungen. In Kastelruth hat seine Familie fünfzehn Jahre lang die »Sommerfrische« verbracht; Magnago war Ehrenbürger der Gemeinde. Das Foto zeigt ihn mit dem langjährigen Bürgermeister der Nachbargemeinde Völs am Schlern, Josef Kompatscher.

Mit besonderer Freundschaft war der Landeshauptmann auch der Alpenvereinsjugend zugetan. Hier ist er Gast bei deren Sternfahrt ins Tschamintal (1978). Zweiter von links der damalige Präsident des Südtiroler Alpenvereins, Gert Mayer (verstorben 2004).

Foto: »Dolomiten«

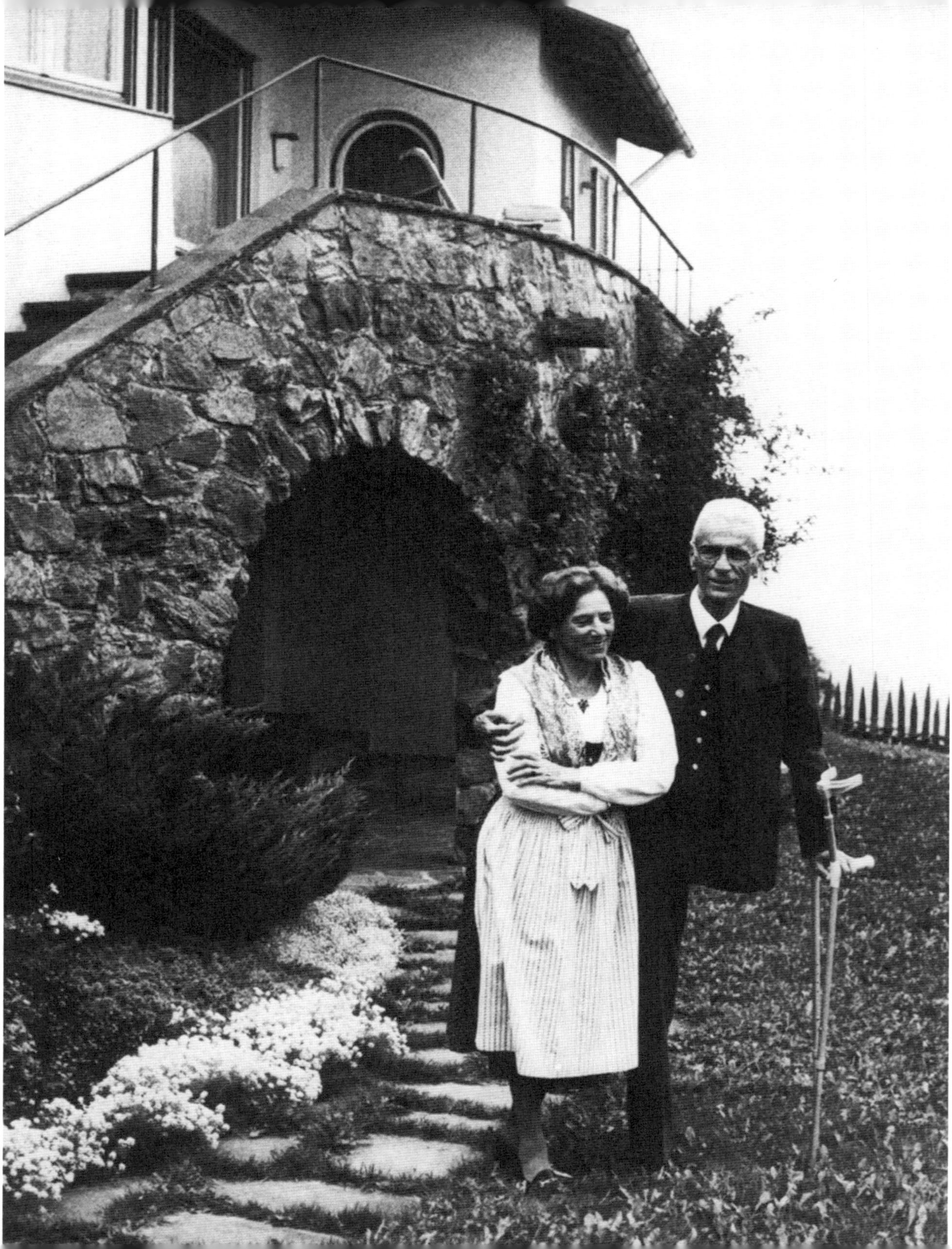

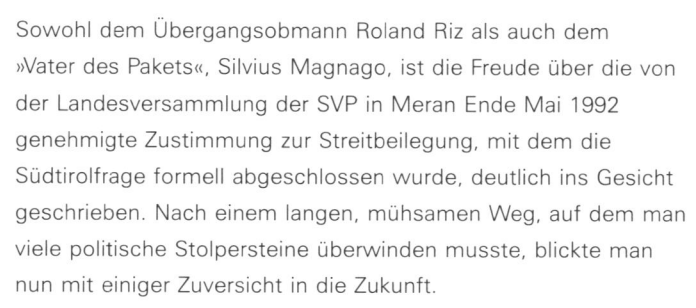

Sowohl dem Übergangsobmann Roland Riz als auch dem »Vater des Pakets«, Silvius Magnago, ist die Freude über die von der Landesversammlung der SVP in Meran Ende Mai 1992 genehmigte Zustimmung zur Streitbeilegung, mit dem die Südtirolfrage formell abgeschlossen wurde, deutlich ins Gesicht geschrieben. Nach einem langen, mühsamen Weg, auf dem man viele politische Stolpersteine überwinden musste, blickte man nun mit einiger Zuversicht in die Zukunft.

Alfons Benedikter war über viele Jahrzehnte Magnagos Stellvertreter in der Landesregierung und auch sein engster Mitarbeiter. Als Südtirols wohl kompetentester Fachmann für Autonomie-Fragen und für Völkerrechtsprobleme im Zorn aus der SVP ausschied, schmerzte dies Magnago sehr. Doch auch wenn sich die politischen Wege trennen sollten, die gegenseitige Achtung blieb als verbindende Konstante weiter erhalten.

In Feldthurns, dem sonnigen Dorf im Eisacktal, dessen Ehrenbürger der Landeshauptmann seit Jahrzehnten war, verbrachte Magnago mit seiner Frau Sofia alljährlich den Urlaub. Dieser war vor seinem Abschied von der aktiven Politik freilich auf den August beschränkt. Um so mehr genoss er dann im eigenen Ferienheim und im sorgsam gepflegten Garten die seltenen Stunden der Muße und Besinnung.

»Pass mir gut auf alles auf!« Dies scheint Magnago seinem Nachfolger als Landeshauptmann, Luis Durnwalder, auf diesem Foto ans Herz zu legen. Magnago war überrascht, wie schnell es Durnwalder gelang, aus seinem Schatten herauszutreten und ein völlig eigenständiges Profil zu entwickeln. Magnago hatte nicht mit einem so starken, in der Bevölkerung beliebten »Hüter seines Erbes« gerechnet.

Den Tiroler Landeshauptleuten fühlte sich Magnago traditionell eng verbunden. Mit Landeshauptmann Wendelin Weingartner traf er öfters zu »guten« Gesprächen zusammen. Das gemeinsame Ziel war, die durch politisches Unrecht getrennten Landesteile in einem neuen, zukunftsgewandten europäischen Geist wieder stärker zusammenzuführen. In der Praxis erwies sich dies allerdings als sehr schwierig.

Skeptisch blickt Magnago auf ein Geburtstagspaket. Was wohl darin enthalten ist? Neben ihm Landeshauptmann Luis Durnwalder und jener Tirols, Alois Partl. Mit Sorge erfüllte Magnago auch die zunehmende Entfremdung zwischen der Bevölkerung der drei Landesteile Tirols. Nach dem weitgehenden Wegfall der Brennergrenze sah er darin eine Tragödie, die es unter allen Umständen zu verhindern galt. »Wenn Nord- und Südtirol wieder zusammenwachsen sollen«, so sagte er im September 1999, »dann muss man bei der Jugend anfangen. Denn bei uns Alten fehlt es nicht.«

Silvius Magnago und sein Nachfolger Luis Durnwalder haben Südtirols Nachkriegsgeschichte entscheidend geprägt. Nur Kanonikus Michael Gamper gebührt noch ein weiterer und besonderer Ehrenplatz. Auf dem Foto gratuliert Magnago dem »Luis« zu seiner Wahl als Landeshauptmann.

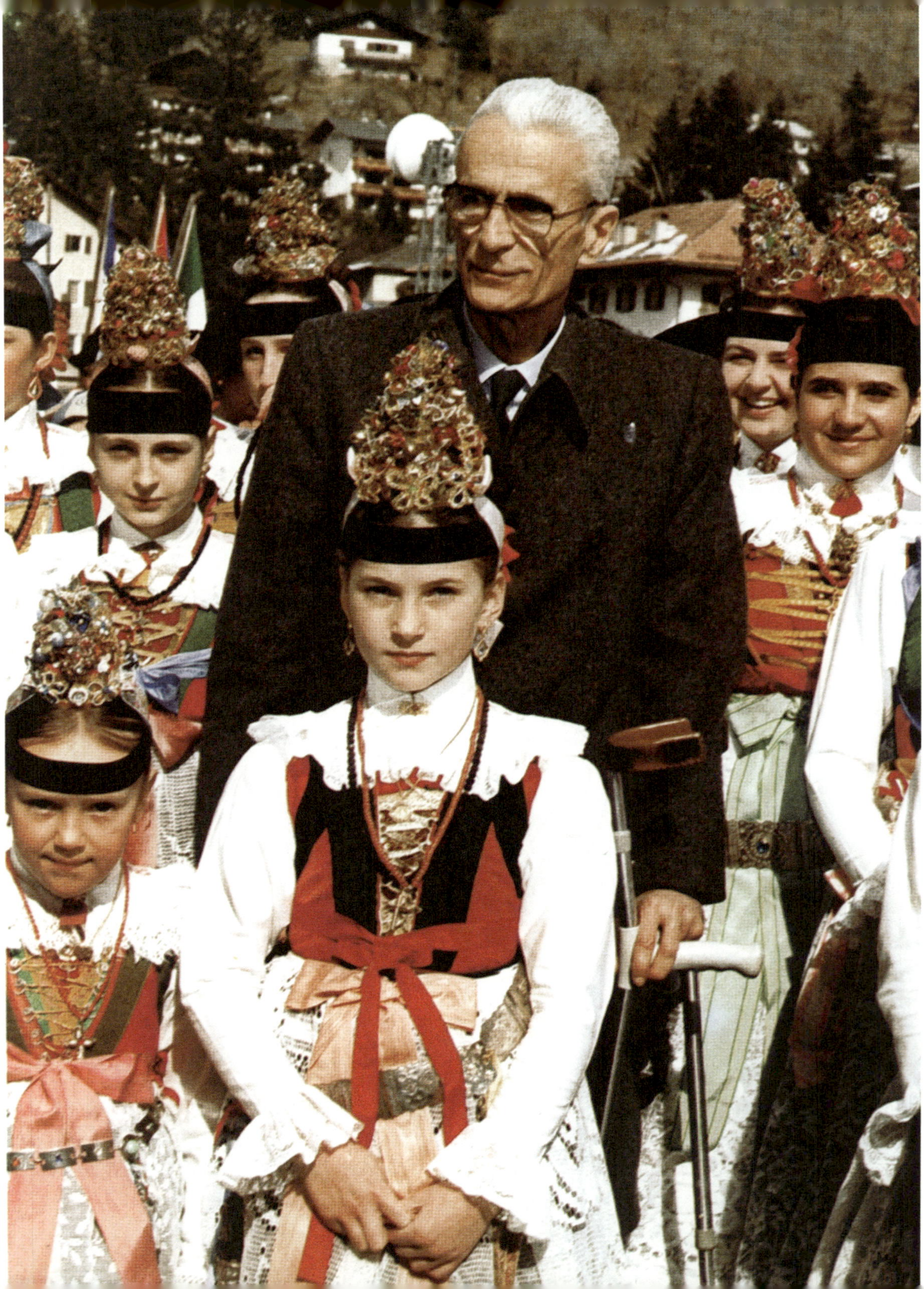

Im Kreise junger, fröhlicher Menschen in ihrer schmucken Tracht, wie hier im ladinischen Sankt Ulrich, fühlte sich Magnago besonders wohl. Denn diese optimistisch-lebensfrohe Jugend verkörperte für ihn die Zukunft des Landes, für die er sein ganzes Leben lang markante Wegmarken setzte.

Genau zielen, sicher treffen: Magnago war auch im hohen Alter noch ein begeisterter, ja leidenschaftlicher Schütze, der diesem traditionsreichen Tiroler Sport stets viel abzugewinnen vermochte. Das Foto wurde 1972 auf dem Schießstand in Goldrain »geschossen«.

In seiner Jugend war Magnago ein begeisterter Bergsteiger. Alpinistische Großleistungen und Pioniertaten imponierten ihm deshalb sehr. Bis zu seinem Tode verfolgte er aufmerksam eine Entwicklung, die ihm aber wegen der »Jagd nach immer neuen Rekorden« zunehmend auch Unbehagen bereitete. Magnago sagte, man laufe Gefahr, die »Ehrfurcht vor den Bergen, vor diesen großartigen Geschöpfen Gottes«, zu verlieren. 1978 war dies noch anders. Auf dem Bild gratuliert er im Villnösser Tal Reinhold Messner und dem Tiroler Peter Habeler, die in diesem Jahr den Mount Everest erstmals in der Alpingeschichte ohne Sauerstoffversorgung bestiegen hatten, zu ihrem weltweit beachteten Erfolg.

Der »unverwüstliche Alte« der Südtirolpolitik. Wie kein anderer hat Magnago in der zweiten Hälfte des 20. Jahrhunderts unverwechselbar tiefe Spuren hinterlassen. Das Foto zeigt ihn während der Sitzungspause eines Kongresses der CSU in München, auf dem die »Südtiroler Führernatur mit politischer Ausstrahlung und Charisma« (so der langjährige CSU-Vorsitzende und bayerische Ministerpräsident Franz Josef Strauß) mit stürmischem Applaus begrüßt und gefeiert wurde.

Stolz auf die Schönheit der Heimat: Nach einem Ausflug auf den über 2400 Meter hohen Königsanger oberhalb von Feldthurns, wo Magnago viele Jahrzehnte lang regelmäßig seinen Urlaub verbrachte, trägt er sich ins Gipfelbuch ein. Sein langjähriger politischer Wegbegleiter und SVP-Senator Karl Mitterdorfer sieht ihm dabei interessiert zu. Trotz seiner schweren Kriegsverletzung war er einen guten Teil des Wegs zu Fuß gegangen.

Wie Magnago war auch Luis Trenker ein »Südtiroler Denkmal«. Der weltberühmte Bergsteiger und Pionier des modernen Films genoss im gesamten deutschen Sprachraum bis zu seinem Tod eine Popularität, die Magnago neidlos anerkannte. Auf dem Foto gratuliert er Trenker im Oktober 1982 auf Schloss Maretsch zum 90. Geburtstag. So alt zu werden wie Trenker, war stets sein großer mittlerweile erfüllter Wunsch. Links vom Jubilar ist der langjährige Landesrat Franz Spögler zu erkennen, später Präsident der Südtiroler Landessparkasse. Toni Zelger, Karl Mitterdorfer, Alfons Benedikter und Franz Spögler zählten zu Magnagos engsten Mitarbeitern und Vertrauten.

Hell die Gläser klingen … Der Wein, sagte Magnago, sei – mäßig genossen – »ein wundersamer Anreger und kluger Erzieher«. Der edle Rebensaft aus Südtirol schmeckt auf dem Bild offenbar auch Magnagos prominenten Gästen aus der Bundesrepublik Deutschland, Helmut Kohl und seiner Frau Hannelore, während eines Urlaubes beim »Adlerwirt« in Sankt Ulrich. Dass Kohl, der langjährige Bundeskanzler und Baumeister der deutschen Einigung, nach seiner Ablöse durch Gerhard Schröder im Jahr 1998 zahlreiche schwere persönliche und politische Schicksalsschläge verkraften musste, berührte Magnago tief.
Am tiefsten erschütterte ihn der Freitod von Hannelore Kohl im Frühjahr 2001.

Heiter war Magnago selten, und noch seltener sah man ihn lachen. Zu sehr drückte die Last der politischen Verantwortung und die alltägliche Mühsal. Für Magnago war Politik mehr als nur ein »Job«. Er war auch weit mehr als nur ein »Macher«. Und »Landesfürst« war Magnago schon gar nicht. Seine Amtsführung als Landeshauptmann war schlicht und bescheiden. Politik war für ihn ein Auftrag auf Zeit, aber auch eine Art »Sendung«. Wohl deshalb nahm er alles sehr ernst. In kleiner Gesellschaft konnte er aber auch – wenigstens vorübergehend – recht fröhlich sein. Das Foto zeigt ihn mit seiner Frau Sofia und dem langjährigen SVP-Parlamentarier Roland Riz. Riz war es auch, der als sein »Wunschkandidat« allerdings nur für wenige Jahre sein Nachfolger als SVP-Obmann wurde.

Silvius Magnago und der langjährige österreichische Außenminister Alois Mock, dem Südtirol viel verdankt, waren die ersten Träger des Goldenen Ehrenzeichens der SVP. Parteiobmann Siegfried Brugger (links), von 1992 bis April 2004 im Amt, fand für die »großen Männer« der Südtirolpolitik mehr als nur anerkennende Worte. Vierter im Bund ist der ebenfalls mit einer Auszeichnung bedachte Tiroler Ludwig Steiner (ganz rechts), langjähriger Staatssekretär im Außenministerium und einer der herausragendsten Südtirol-Experten Österreichs.

»Eine starke Grundhaltung braucht es! Vergesst das nicht!« Dies scheint Magnago vor allem zwei Mandataren der SVP, dem Kammerabgeordneten Karl Zeller und Senator Oskar Peterlini, mit seiner Geste sagen zu wollen. Diplomatische Kunstgriffe allein sind oft zu wenig. Es brauche, davon war Magnago stets überzeugt, auch Grundwerte, die man nicht verwässern oder gar in Frage stellen dürfe.

Im April des Jahres 2004 wurde der damalige Bozner Vizebürgermeister Elmar Pichler-Rolle in Meran zum Obmann der SVP gewählt. Er übernahm des Ruder der Sammelpartei, als die »Glanzzeit« früherer Jahrezehnte zu verblassen schien. Umso wichtiger war für den neuen Obmann die enge Tuchfühlung mit Silvius Magnago, der dem jungen Obmann immer wieder wertvolle Anregungen und Ratschläge gab.

Magnago, vom hohen Alter gezeichnet: Auch wenn er die Mühsal einer angeschlagenen Gesundheit mitunter als Last empfand, sah er in jedem erreichten Lebensjahr ein Privileg, ja ein Gottesgeschenk. Seine Zähigkeit, die ihn stets ausgezeichnet hatte, war die Quelle für die Freude, noch leben zu dürfen. Die Feiern zu seinem 90. Geburtstag genoss er deshalb in vollen Zügen.

Viertes Kapitel

Die europäische Dimension

Am 8. Juni 1972 überreicht der bayerische Ministerpräsident Alfons Goppel Magnago im Antiquarium der Residenz in München den Bayerischen Verdienstorden. Trotz seiner Verbundenheit zu bayerischen Politikern ließ Magnago jedoch nie einen Zweifel daran aufkommen, dass Südtirol eine österreichische Minderheit war und somit das »Vaterland« den wichtigsten politischen Bezugspunkt bildete. Er klagte oft darüber, dass diese »Rangordnung« von anderen in seiner Partei manchmal vergessen wurde.

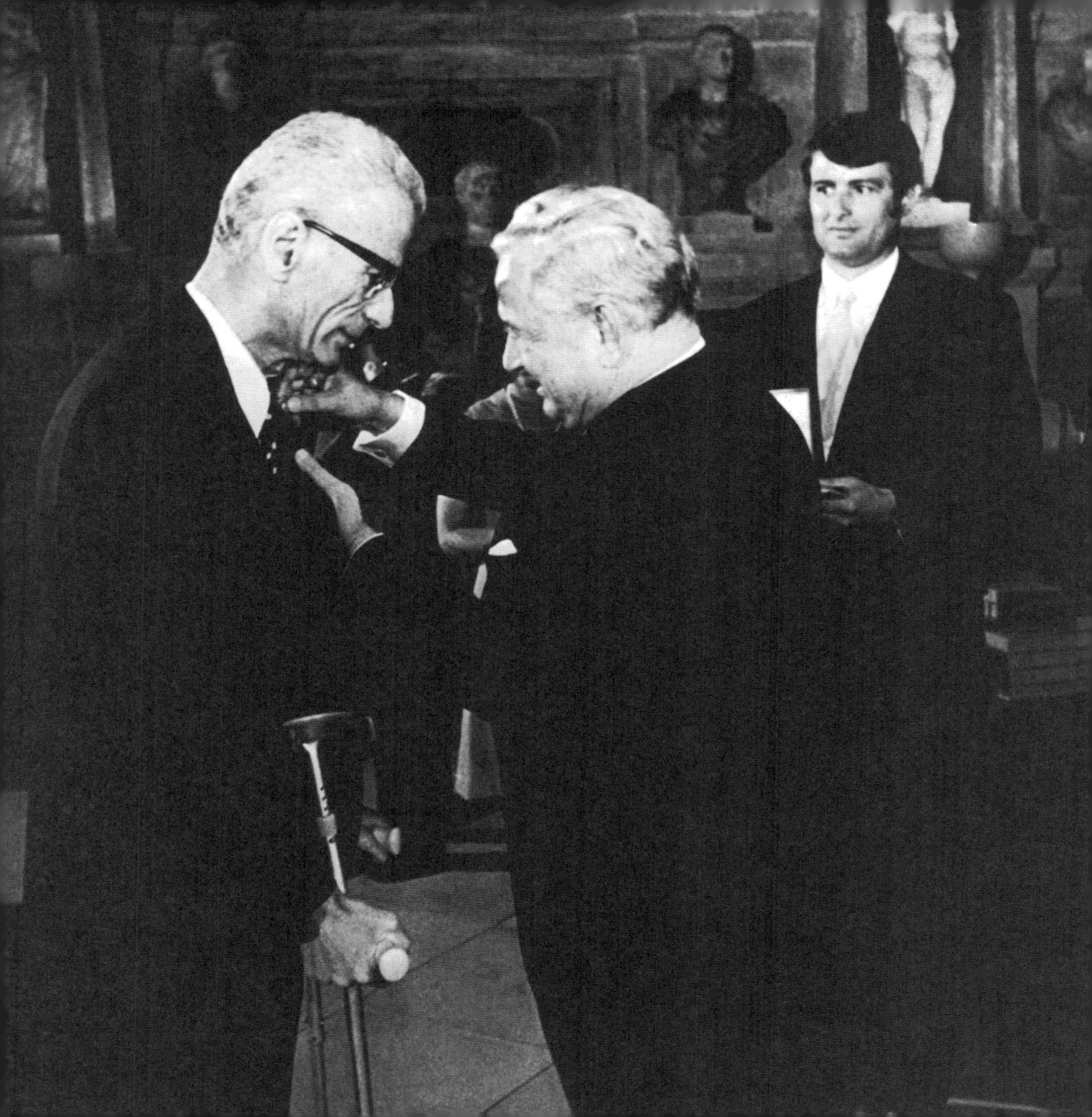

Magnago ist ein überzeugter Europäer, der das Südtirolproblem im europäischen Zusammenhang sieht.

■ Vierzehn Monate nach dem dramatischen Ringen um das »Paket« im Meraner Kursaal, am 19. Jänner 1971, überreicht der Präsident der Beratenden Versammlung des Europarates, der Schweizer Olivier Reverdin, im Liebfrauenhaus beim Straßburger Münster Silvius Magnago den Robert-Schuman-Preis. Die begehrte Auszeichnung ist von der Stiftung F.V.S. zu Hamburg 1966 ins Leben gerufen worden und für Politiker, die sich um Europa besonders verdient gemacht haben, bestimmt. Unter den bisherigen Preisträgern befinden sich Persönlichkeiten wie Jean Monnet, Professor Walter Hallstein, Alain Poher, Sicco Mansholt und andere. Nach Magnago erhalten den Preis unter anderem Männer wie Roy Jenkins, Jens Otto Krag, Pierre Pflimlin, Gaston Thorn, Kai-Uwe von Hassel und Leo Tindemans. Wie es in der Begründung wörtlich heißt, werden mit der Auszeichnung *die entscheidenden und außerordentlichen Verdienste gewürdigt, die sich Herr Dr. Magnago um das Zustandekommen der Einigung zwischen Italien und Österreich über eine Erweiterung der Autonomie für Südtirol und um die Verbesserung der Beziehungen zwischen dem italienischen Staat und der Tiroler Minderheit und damit um eine beispielhafte Lösung für den Status einer Minderheit erworben hat.*

Magnago erhält Robert-Schumann-Preis

Am Text dieser Preisbegründung ist viel gefeilt worden. Magnago hat darauf bestanden, darin all das auszumerzen, was auch nur entfernt auf eine »Lösung« der Südtirolfrage durch die Annahme des »Pakets« hinweisen könnte. Ein Akt der politischen Klugheit, der durch eigene Einschätzung, aber auch durch die starke Opposition gegen das italienische Angebot in der Partei diktiert worden ist. Wie sehr die Wunden dieser Schlacht noch nicht vernarbt sind, kann man daran ersehen, dass aus den Reihen der »Paket«-Gegner nur zwei Vertreter zur Preisverleihung in Straßburg erschienen sind. Dieser kleine Wermutstropfen kann die Freude über das große Ereignis jedoch nicht trüben.

Zur Preisverleihung kamen nur zwei der »Paket«-Gegner

Die Feier im Liebfrauenhaus wird in bester europäischer Tradition von Liedern in deutscher, französischer und italienischer Sprache umrahmt. Immer dann, wenn die vertrauten Klänge aus Südtirol, die Lieder aus der Heimat, zu vernehmen sind, zeigt sich nicht nur Magnago besonders gerührt. Dieser Tag ist Höhepunkt eines Wirkens, das neben dem Erfolg auch viele qualvolle Augenblicke der Enttäuschung, ja der Entmutigung gekannt hat! Der Landeshauptmann von Südtirol spricht in seiner Dankesrede von einem »erhabenen Augenblick«, von »bewegten Gefühlen«, die ihn angesichts dieser »außergewöhnlichen Ehrung« beseelten. Denn bisher sei diese Auszeichnung Männern vorbehalten geblieben, die sich als Pioniere der europäischen Einigung hervorgetan hätten. Er hingegen habe als *bescheidener Präsident der Regierung eines kleinen Landes und als Obmann einer lokalen Partei, die allerdings praktisch die gesamte Südtiroler Volksgruppe repräsentiert,* in dieser Richtung wenig vorzuweisen. Doch die Südtirolfrage sei in der Zwischenzeit aus dem örtlichen, aus dem innerstaatlichen, ja aus dem zwischenstaatlichen Bereich heraus auf die europäische Ebene gehoben worden, habe eine europäische Dimension erhalten, die es nun zu vertiefen gelte. Dafür einen Beitrag geleistet zu haben, erfülle ihn mit Genugtuung. Eine Lösung der Minderheitenprobleme in Europa könne nur durch den Zusammenschluss der europäischen Staaten erfolgen. Und dieser setze wiederum die Überwindung von Minder-

Trotz der hohen Auszeichnung: Magnago bleibt bescheiden

heitenfragen im Geiste der Solidarität der Völkergemeinschaft voraus.

Die Engstirnigkeit der nationalstaatlichen Idee, die Europa in so viel Unheil verstrickt habe, leide am noch immer nicht gänzlich überwundenen Grundfehler, die Minderheiten innerhalb der staatlichen Grenzen als Fremdkörper zu empfinden. Einen Fremdkörper aber könne man – so betont Magnago vor dem festlichen Auditorium, zu dem auch eine starke Delegation aus Südtirol gehört – entweder nur »durch beabsichtigte Assimilation zum Verschwinden bringen« oder ihn im positiven Sinne als »Wesensmerkmal des eigenen Staates« anerkennen. Denn eine Minderheit könne nur dann ihre Existenzangst langsam abbauen und ein gewisses Vertrauen zum Staate entwickeln, wenn ihre Existenz und ihr Schutz »im Interesse des Staates« seien.

Der Fortbestand einer Minderheit muss durch den Staat garantiert sein

Dann beleuchtet der Südtiroler Politiker in Straßburg die vielen Stationen eines mühevollen und ungemein dornigen Weges, der, wie er anmerkt, Geduld, Ausdauer und vor allem zähe Arbeit verlangt habe. Man sei im Land an Etsch und Eisack lange am »Rand schwerer Spannungen« gestanden, das Verhältnis zwischen Rom und Wien habe sich bis zur »feindseligen Beziehungslosigkeit« (so der Innsbrucker Bürgermeister Lugger) getrübt, ehe sich die »einzig mögliche Realpolitik« durchgesetzt habe. Magnago zitiert Konrad Adenauer, dass in der Außenpolitik nichts aus Idealismus geschehe. Das Gleiche gelte, so betont er, auch für die Minderheitenpolitik, wo einem der Staat gewiss nichts schenke. Zwischen 1961 und 1970 habe sich jedoch in Bozen wie in Rom langsam die Erkenntnis durchgesetzt, dass die gegenseitige Aufrechnung der Vergangenheit nichts bringe. Das Abenteuer einer politischen Lösung aus einer ganz neuen Geisteshaltung zu wagen, sei

Der Lohn für jahrelange politische Arbeit

dennoch ebenso langwierig wie problematisch gewesen. Das »Paket«, erster Ausdruck dieser *geistigen Neuorientierung der Südtirolpolitik auf europäischer Ebene,* lege davon Zeugnis ab. Es stelle keine Ideallösung dar. Doch mit der zweifellos wesentlichen Erweiterung der Autonomie und mit der Bejahung des Grundsatzes durch Italien, dass der Schutz der Tiroler Minderheit ein »Staatsinteresse« darstelle, sei man doch einen wesentlichen Schritt weitergekommen.

Und dann betont Magnago etwas, was für ihn einen Glaubensgrundsatz seiner politischen Tätigkeit bedeutet: Allein mit Paragraphen könne man eine Minderheit nicht schützen. Mindestens ebenso wichtig sei ihr eigener Existenz- und Lebenswille! Er dankt allen, die an diesem »Lösungsversuch« mitgewirkt hätten, fairerweise auch jenen, die eine andere Haltung einzunehmen für ihre Gewissenspflicht hielten. Ein dauerhaft geeintes Europa, betont er zum Abschluss, könne man nur durch das gegenseitige Vertrauen der Völker schaffen. Ein entscheidender Gradmesser dafür aber sei die »Stellung und Behandlung der volklichen Minderheiten«. Denn je mehr es gelinge, das nationale Misstrauen abzubauen, desto großzügiger und liberaler würden die Minderheiten behandelt werden. Die Entschärfung der Südtirolfrage mit all dem politischen Sprengstoff zwischen zwei wichtigen Staaten im Herzen Europas sei ein kleiner, doch wichtiger Baustein hin zu jenem Ziel, *für das uns einzusetzen, wir nie müde werden dürfen: das geeinte, das politisch geeinte Europa, unsere gemeinsame Heimat.*

Mit Paragraphen allein kann Minderheit nicht geschützt werden

In seiner Laudatio auf den Preisträger hat Professor Hendrik Brugmans, Rektor des Europa-Kollegs in Brügge, Magnago kurz zuvor als Verkörperung eines gesamteuropäischen Problems bezeichnet, für das er versucht habe, eine »vernünftige Lösung« zu finden. Das Ergebnis sei ein »vertretbarer Kompromiss« in Südtirol. Der Nationalgedanke, innig verbunden mit dem neuen Ideal der Demokra-

Professor Hendrik Brugmans hält die Laudatio

tie, habe seit der Französischen Revolution die radikalen Geister in Europa beflügelt. Der amerikanische Präsident Wilson habe ihr am Ende des Ersten Weltkrieges ihr wirksamstes Schlagwort geschenkt, als er das Prinzip der »Selbstbestimmung der Völker« verkündet habe. Das Problem der völkischen Minderheiten sei dadurch jedoch – betont Brugmans – nicht gelöst, sondern nur noch verfahrener geworden. Denn bereits bei der Begriffsbestimmung der Frage, was ein Volk sei, beziehungsweise bei der Beurteilung der »Charakteristika einer ethnischen Gemeinschaft innerhalb einer anderssprachigen Nation« habe man sich immer mehr auseinander gerauft. Brugmans berührt hier unwissentlich am 19. Jänner 1971 bereits jene Problematik, die in Südtirol zu Beginn der achtziger Jahre für viele Spannungen sorgt und Anlass zahlloser Polemiken zwischen der SVP und dem »Südtiroler Heimatbund« bildet.

Auch Brugmans streift in seiner eindrucksvollen Laudatio auf Silvius Magnago die leidvollen Stationen Südtirols seit seiner Abtrennung von Österreich, einer Trennung, die er mit der Spaltung Deutschlands, Koreas oder Vietnams nach dem Zweiten Weltkrieg vergleicht. Der Faschismus in Italien, so betont er, sei nationalistisch und bonapartistisch in extremster Form gewesen, »und so wenig man von Egoisten verlangen kann, dass sie das Ego der anderen respektieren, so wenig Verständnis bringen Nationalisten für die Forderungen anderer Nationalitäten auf«. Eine unbefriedigende Lage anzuprangern, sei leicht, meint Brugmans, viel schwieriger sei es hingegen, eine Marschroute zur konkreten Verbesserung derselben zu suchen. Darum aber habe Magnago zäh gerungen. Als Realpolitiker habe »der Europäer« aus Südtirol gewusst, dass man die heutige Grenze »nur durch eine Katastrophe« ändern könnte. Darüber hinaus habe er jedoch auch erkannt, dass man in einem Zeitalter lebe, in dem man Grenzen zwar nicht mehr verschieben, jedoch entwer-

Brugmans streift in Laudatio die leidvollen Stationen Südtirols

ten müsse. Die Parole habe deswegen »Kompromiss, Verständigung« gelautet. 1961, zur gleichen Zeit also, als in Südtirol bereits Bombenanschläge zu verzeichnen gewesen seien, habe in Bozen ein Treffen des Rates der europäischen Gemeinden stattgefunden, an dem Magnago teilgenommen habe. Diese Konferenz sei »ein europäisches Wagnis« gewesen. Mit Recht habe man damals von einer »Lektion von Mut und klarer Einsicht« gesprochen. Denn, so betont Brugmans, man habe damit ein Beispiel gegeben:

Treffen des Rates der europäischen Gemeinden in Bozen

Eine solche Politik wird auf des Messers Schneide geführt. Sie verlangt sowohl tiefste Überzeugung als auch Sinn für vorsichtige Taktik. Sie steht fortwährend in Gefahr, von beiden Seiten missverstanden zu werden. Was den einen als Extremismus erscheint, wird von anderen als Verrat an der nationalen Sache empfunden. Aber es ist nun eben das Schicksal jeder demokratischen Politik, immer in der Mitte geschmiedet zu werden, denn Extremisten sind niemals Demokraten, auch nicht, wenn sie das Wort ›Demokratie‹ dauernd in den Mund nehmen.

Magnago sei, betont Brugmans, bei den schwierigen Verhandlungen mit Rom nicht nur das Sprachrohr der Südtiroler Bevölkerung gewesen, sondern habe dabei eine Schlüsselstellung eingenommen. Von seiner Überzeugungskraft und »politischen Weisheit« sei vieles abhängig gewesen. Er habe dabei eine Partei vertreten, die man zwar »grosso modo« zu der christlich-demokratischen Familie in Europa zählen könne, deren zentrale Aufgabe es jedoch sei, die Probleme einer bestimmten Volksgruppe »einheitlich, wenn auch nicht immer einstimmig« zu Wort kommen zu lassen. Die SVP habe einen Flügel der vorsichtigen Geduld und einen anderen der stürmischen Ungeduld; Magnago sei die heikle Aufgabe zugefallen, diese beiden Flügel in schwierigen Zeiten zusammenzuhalten, ohne sich deswegen in der politischen Aktion

Magnago – »Sprachrohr« in schwierigen Zeiten

lahmlegen oder sich gar auf »faule Wortkompromisse« festlegen zu lassen. Entscheidend für den Kompromiss-Erfolg sei freilich auch gewesen, dass man in Rom spät, aber doch, dafür einen Gesprächspartner gefunden habe.

Magnago habe schwierige Zeiten meistern müssen, Zeiten, in denen er, »der tagtäglich mit seinem Volk verkehrt«, von allen Seiten kritisiert worden sei, da als Nationalist, dort als »prinzipienloser Kompromissler«. In Südtirol seien Bomben explodiert. Magnago habe den Terrorismus »immer konsequent abgelehnt«. Er habe ihn zwar emotional verstanden, politisch aber aus taktischen, aber noch mehr aus moralisch-menschlichen Gründen verurteilt. Denn *Bombenanschläge treffen immer vorwiegend Unschuldige. Sie gehören darum nicht ins Arsenal einer zivilisierten Gesellschaft und bewirken immer nur das, was man als verantwortlicher Staatsmann um jeden Preis verhindern muss: eine Polarisierung zu den Extremen, wo Gegner zu Feinden werden und das Gespräch aufhört.*

Magnago lehnte Terrorismus entschieden ab

Zugleich aber, betont der Festredner aus Belgien, der die Problematik des Zusammenlebens verschiedener Volksgruppen in einem Staate aus eigener Erfahrung kennt, sei Magnago für die zum Teil sogar misshandelten politischen Häftlinge eingetreten. Denn *Menschen brauchen Hilfe, auch wenn sie Unkluges taten. Man kann verstehen, auch wenn man nicht billigen darf. Und menschlich erklärbar ist es, dass eine bedrängte Volksgruppe so sehr von ihren internen Problemen überwältigt wird, dass sie zu jedem Mittel greift, und sei es nur, um die Aufmerksamkeit der Welt auf sich zu lenken.*

Magnago setzt sich für die politischen Häftlinge ein

Treffsicherer und einfühlsamer zugleich kann das tragischste Kapitel der Südtiroler Nachkriegsgeschichte wohl kaum beschrieben werden! Der Kampf gegen Nationalismus und Zentralismus, gegen Intoleranz und utopisches Wunschdenken sei, mahnt Brugmans, gewiss noch längst nicht zu Ende. Die Quellen, aus denen Magnago die Kraft geschöpft habe, seine »schwierige Linie unbeirrt zu verfolgen«, seien der *Patriotismus*, eine gerechte Sache unbeirrt weiter zu verfolgen, der *Glaube an Recht und Gerechtigkeit,* dem deshalb Fanatismus fremd sei, und schließlich die vom *tiefen Christentum* geprägte Überzeugung, dass Unrecht nicht mit Hass beantwortet werden dürfe. Magnago sei ein überzeugter Europäer, der auch das Südtirolproblem nur als »Sondererscheinung eines gesamteuropäischen Problems« ansehe. Europas Einigung könne nur auf der Grundlage seiner reichen Vielfalt geschehen, einer Vielfalt, die sich nicht zuletzt in den Regionen ausdrücke. In diesem Sinne seien völkische Minderheiten eine Bereicherung. Aus dieser Überzeugung habe Magnago für Europa seinen Beitrag geleistet.

Magnago ist überzeugter Europäer

Der Robert-Schumann-Preis war damals mit 25.000 DM dotiert. Später wird er auf 30.000 DM angehoben. Zu Beginn des Jahres 1971 sind dies umgerechnet rund 4.150.000 Lire. Magnago behält davon keinen »Centesimo«, wie er zu sagen pflegte. Ohne viel Aufhebens zu machen, wird je eine Million Lire an in wirtschaftliche Not geratene ehemalige SVP-Ortsobmänner, an den deutschen Kindergarten in Meran, an die Behinderten im »Jesuheim« in Girlan und an das Südtiroler Kinderdorf in Brixen gespendet. Der Rest wird für zwei kleine Feiern ausgegeben, zu denen der Landeshauptmann Magnago die Angestellten des Präsidiums der Südtiroler Landesregierung, der Parteiobmann Magnago jene des Parteiausschusses eingeladen hat. Mit Schmunzeln erzählte er, dass »er dafür etwas sogar noch aus eigener Tasche« bezahlt habe.

Tirol und die Kernlandschaft dieses Landes südlich des Brenners liegen im Schnittpunkt europäischer Kultur. Das Land an Etsch und Eisack hat ebenso stolze wie leidvolle Hypotheken der Geschichte Europas aufzuweisen. Nicht selten wurden hier sogar Maßstäbe gesetzt. Es ist vor allem das Verdienst Eduard Wallnöfers, dieser kraftvollen Vinschgauer »Leihgabe« an Tirol, die europäische Tradition des Landes an den sensiblen Sprach- und Kulturgrenzen als Verpflichtung für Gegenwart und Zukunft erkannt und umgesetzt zu haben. Wallnöfer ist als Landeshauptmann von Tirol nicht nur Magnagos bewährter Kampfgenosse in guten wie in schlechten Zeiten, sondern auch der seltene *Freund*, auf den er sich stets verlassen kann. Durch die Schaffung der Arbeitsgemeinschaft der Alpenländer (Arge Alp) mit Sitz in Innsbruck hat Wallnöfer nicht nur ein Kraftfeld der Gespräche und Begegnungen im europäischen Geist, sondern auch das bisher überzeugendste Modell zur grenzüberschreitenden Zusammenarbeit in Europa geschaffen. Südtirol hat seit dem Handelspakt »Accordino« von 1949, mit dem eine der ersten Türen zwischen zwei Völkern zumindest eine Handbreit aufgestoßen wurde, daran stets regen Anteil genommen.

Landeshauptmann Wallnöfer ruft Arge Alp ins Leben

Der SVP-Obmann Magnago hat sich mit dem Thema Europa im Lauf der Jahre intensiv befasst. Er vergleicht die Einigungsbemühungen mit einer großen Familie, deren Einheit ebenso überzeuge wie ihre reiche Vielfalt. Die Volksgruppen sieht Magnago als belebendes Element. Denn sie hätten ja als Erste die Fesseln des nationalstaatlichen Denkens abgeschüttelt. Erst wenn ihr Schutz einmal selbstverständlich sein würde, könne Europa wirklich neu entstehen. Magnago sieht Tirol deshalb als »Modellfall im Kleinen« für den europäischen Einigungsprozess und für die anzustrebende regionale Gliederung des Alten Kontinents. Er warnt allerdings vor »rosigen Visionen ohne realen Hintergrund«. Ein vereintes Europa, so mahnt er etwa auf dem Österreichischen Juristentag am 5. Mai 1976 in Innsbruck, könne nur aus dem Boden des Volkes heraus aufgebaut werden. Ein Oberbau allein auf Regierungsebene würde ein »Wolkenschloss« sein. Die Baumeister des neuen Europa hätten nach Kriegsende mit Recht erkannt, dass man den sterbenden staat-

Tirol als Modellfall im Kleinen für den europäischen Einigungsprozess lichen Zentralismus nicht durch einen *noch anonymeren europäischen Zentralismus,* angereichert durch ein Übermaß an Bürokratie, ersetzen dürfe. Die Grenzregionen sieht Magnago als geeignetes Instrument zur Durchlöcherung der Staatsgrenzen, deren Abbau ein »vielschichtiges und schwieriges Problem« sei. Nur der Druck von unten, das sich immer mehr ausbreitende Misstrauen gegen die starr gewordenen Institutionen, könne zu einem Umwandlungsprozess führen, der die Staaten zwinge, alle noch bestehenden Hindernisse für eine grenzüberschreitende Zusammenarbeit zu beseitigen.

Auf den »Europatagen« in Bruneck von 1977 und 1981 vergleicht Magnago die Vielfalt der europäischen Kultur mit einem bunten Mosaik. Europa habe leider an politischer Bedeutung, jedoch nicht an Leuchtkraft verloren. Denn die christlich-humanistischen Zielsetzungen der europäischen Kultur seien nach wie vor gültig. Die Staatsgrenzen bezeichnet er als »Produkte der kriegerischen Zivilisationen«. Viel früher habe es jedoch die natürlichen Lebensräume von Menschen gegeben, die daraus Kulturlandschaften formten. Europa, so beschwichtigt er die Ungeduldigen – die Mahnung ist wohl auch an die eigene Adresse gerichtet –, wachse, wenn auch leider sehr langsam. Diese wichtigste politische Idee unseres Jahrhunderts baue man jedoch nicht mit dem »Ehrgeiz großer Worte«, sondern mit dem »zielstrebigen Geist der Kleinarbeit«. Der hoffnungsvolle Beginn des europäischen Integrationsprozesses nach der Katastrophe des Zweiten Weltkrieges dürfe nicht *im Gestrüpp dürr gewordener nationaler Ressentiments und überalterter nationalliberaler Wirtschaftsauffassungen steckenbleiben.* Er müsse daher von unten, mit der Kraft des Volkes, weitergeführt werden.

Und während nach den Worten des Vorsitzenden der Europäischen Volkspartei Leo Tindemans die EG-Politiker zu dieser Zeit »ein

Europa wächst in kleinen Schritten zusammen

Ein vereintes Europa – die wichtigste politische Idee des 20. Jahrhunderts

Gefühl des Überdrusses und der Entmutigung« lähmt, spannt Magnago in Bruneck einen großen Bogen zu den Partnerstädten des Pustertaler Hauptortes: von Brignoles in der Provence, der Wiege der frühen mittelalterlichen Kultur der Minnesänger, des Rittertums, und der Gotik, über Tielt in Flandern, wo durch Jahrhunderte Kunst und Handel zur einsamen Blüte gediehen, über Groß-Gerau am Rhein, dem deutschen Schicksalsstrom, wo die ritterliche Romandichtung ihren ersten Höhepunkt erreichte, bis nach Südtirol, dem Lande Walthers von der Vogelweide und Oswalds von Wolkenstein, Michael Pachers und Paul Trogers, der historisch gewachsenen Landschaft mit ihren ungezählten Burgen und gotischen Schnitzaltären.

Angesichts eines so reichen Erbes, so ermuntert er, gelte es, zuversichtlich zu sein, sich nicht von der allgemeinen Resignation anstecken zu lassen. Wichtig sei es vor allem, sich näher zu kommen, sich besser kennen zu lernen:

Dem Bekannten begegnen wir offen, wir kennen seine Vorzüge und übersehen seine Fehler, weil wir wissen, aus welchen persönlichen Umständen, Eigenheiten und Erlebnissen sie entstehen. Dem Fremden begegnen wir mit Zurückhaltung oder gar mit Misstrauen, wir können seine Vorzüge nicht schätzen, weil wir sie nicht kennen, aber wir sind empfindlich gegen seine Fehler, ja, wir missdeuten nicht selten sein Verhalten, fühlen uns durch eine von ihm unbeabsichtigte Geste angegriffen oder beleidigt und kommen so zu ihm in kein Verhältnis, das die Wärme des Herzens spüren lässt.

Eine Minderheit, so warnt er ein anderes Mal, müsse freilich *immer* auf der Hut sein. Ein gewisses Misstrauen, ein *bestimmtes* Maß an Defensivhaltung, auch wenn diese politisch oft missdeutet würde, sei notwendig, ja eine unentbehrliche Waffe zur Selbstbehauptung. Denn genauso gefährlich wie der Druck von außen sei eine zu enge Umarmung. Denn eine solche müsse unweigerlich zur geisti-

»Es ist heute wichtig, sich näher zu kommen und sich besser kennen zu lernen«

gen und kulturellen Assimilierung führen. Auf der Kiwanis-International-Europe-Convention von 1979, auf dem ihm die höchste Auszeichnung dieser Gesellschaft in Würdigung seines Wirkens für Europa verliehen wird, fasst der Südtiroler Magnago sein europäisches Bekenntnis in den Satz:

Die Geschichte hat Magnago Geduld gelehrt

Die Vielfalt, die sich nicht zur Einheit führen lässt, bedeutet Chaos, so, wie die Einheit, die nicht zugleich Vielfalt ist, Tyrannei bedeutet.

Und am Vorabend der ersten direkten Wahlen zum Europäischen Parlament, bei denen seinem Stellvertreter Joachim Dalsass, hauptsächlich durch den Einsatz seines Freundes Peter Brugger in Rom, mittels einer Sonderbestimmung für Südtirol der Sprung nach Straßburg und Brüssel glückt, sagt Magnago auf einer Bekenntniskundgebung der »Paneuropa-Union« in der bis zum letzten Platz gefüllten Olympiahalle in München, er sei fest davon überzeugt, dass die Zukunft Europas *nur aus dem Glauben an eine Veränderung des Denkens und aus dem Idealismus des Einsatzes für diese Veränderung* neu gestaltet werden könne.

Die Geschichte, nicht nur die seines eigenen Landes, hat den Politiker Magnago Geduld gelehrt. Sie ist eine der bestimmenden Lehrmeisterinnen seines Handelns, eine der maßgeblichen Quellen seines Erfolges.

Geduld ist für Magnago eine der Quellen des Erfolgs

Fünftes Kapitel

Bezugspunkte des Wirkens

Als bisher einzigem Südtiroler wurde Magnago am 28. Juni 1979 in Innsbruck der Ring des Landes Tirol überreicht. Von den vielen Auszeichnungen, die er im Laufe seines langen politischen Wirkens erhalten hatte, war ihm diese mit Abstand die liebste. Mit dem aus dem Vinschgau stammenden Tiroler Landeshauptmann Eduard Wallnöfer verband ihn eine lebenslange Freundschaft. Magnago sah in Tirol stets einen »Modellfall im Kleinen« für den europäischen Einigungsprozess.

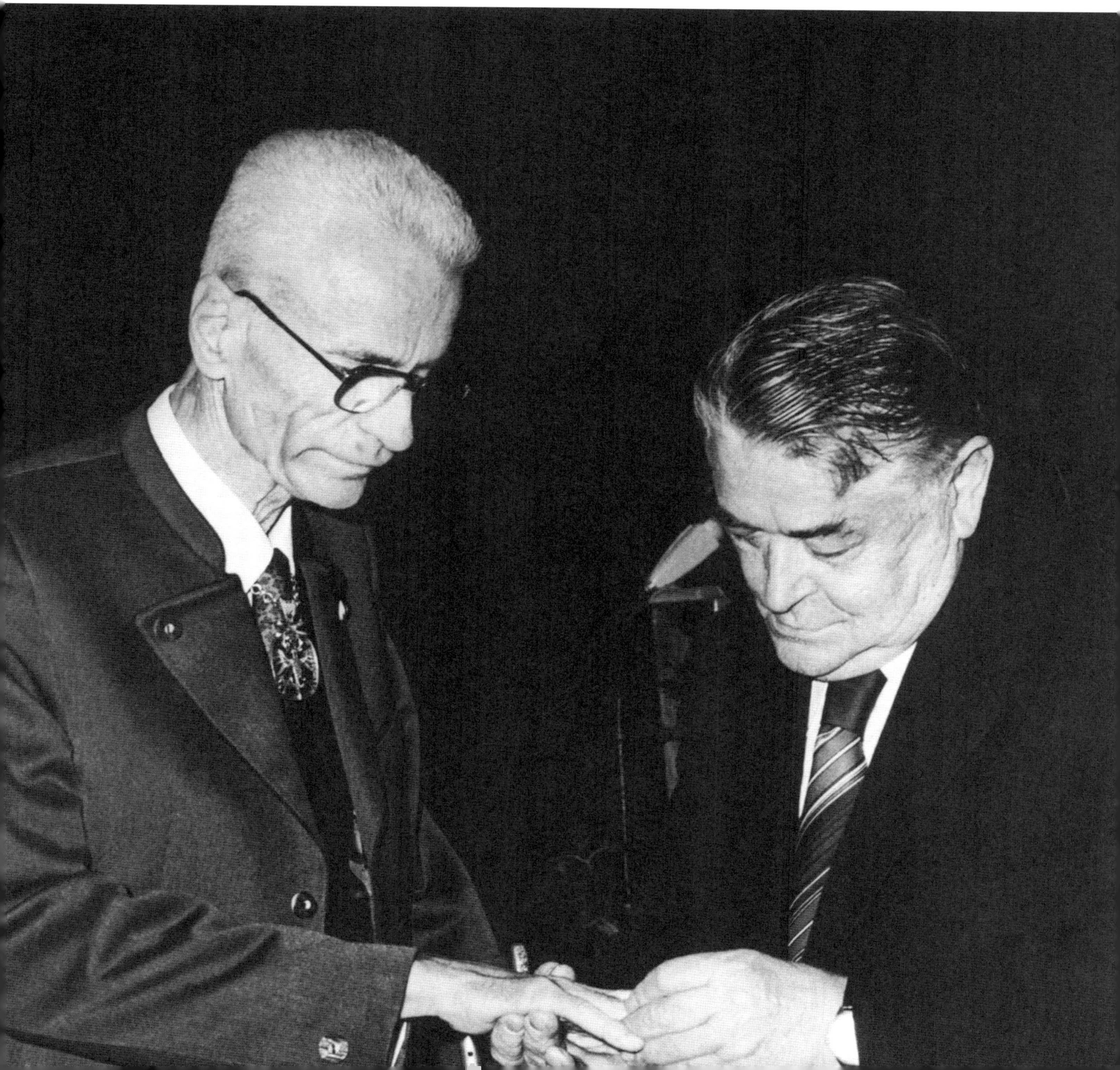

Magnago liebte es, in seinen Reden weit auszuholen. Er konnte aber auch zuhören. Zu den sozial Schwachen, zu jenen, denen Unrecht zugefügt wurde, hatte er ein besonders enges Verhältnis.

Die Rolle des Einzelnen in der Gemeinschaft

▪ Heute, in einer Zeit, in der von vielen nur das eigene Ich in den Vordergrund gerückt wird, das eigene Wohlergehen, der eigene Glanz, die eigene Stellung, erinnert uns dieses Denkmal, dass die Person keine Rolle spielt, dass sie vergänglich ist. Die Geschichte wertet anders, sie wertet nicht die Person, sondern die Persönlichkeit, das, was hinter dem äußeren Bild an geistiger Kraft, an Einsatz, Mut und Selbstlosigkeit steht.

In dieser Mahnung, die Magnago anlässlich der Enthüllung eines schlichten Denkmals für Katharina Lanz, das »Heldenmädchen von Spinges«, im Herbst 1971 in Sankt Vigil ausgesprochen hatte, lag eine seiner tiefsten Lebensüberzeugungen. Der *Einzelne* hat die Pflicht, sich in die *Gemeinschaft* einzufügen! Magnago war dabei von der fast schon *kulturell* zu nennenden Erkenntnis geprägt, dass der Einzelne in den Idealen größerer Gruppen und Wesensgemeinschaften aufzugehen hat. Es ist ein Akt der Einsicht, aber auch der Hingabe des Opfers. Sie ist also nicht lästige, sondern freudig akzeptierte Pflicht. Denn was für andere getan und geleistet wird, bereichert den Spender ja selbst am meisten, bedeutet für ihn Erfüllung. Das Ja zum Verzicht, die alte stoische Erkenntnis, dass Geben seliger sei denn Nehmen, bildete für Magnago eine tiefe Lebensfurche. Denn nur so – davon war er überzeugt – gelang es dem Menschen, seine tief in ihm liegenden Fähigkeiten voll zu entwickeln, und diese nicht nur für sich, sondern für die Gemeinschaft wirkungsvoll einzusetzen.

Geben ist seliger als Nehmen

Auch der Machttrieb, der dem politischen Menschen beinahe angeboren ist, muss der *Ordnung des Ganzen* unterworfen werden. Magnago, eine geborene Führernatur, dem man alle Fähigkeiten eines Vollblutpolitikers zuerkannte, verabscheute die vermessene Utopie. Von profilierungssüchtigen Einzelgängern, von Individualisten, die sich nicht in die Gemeinschaft einordnen wollen, hielt er nicht viel. Die in der Welt weit verbreiteten Erscheinungen des Chaos und der Anarchie, von denen Südtirol verschont wurde, sah er als »letzte Konsequenz einer sich selbst erschöpfenden Individualisierung«. Ihm graute vor solch ungebundenen, bindungslosen Einzelnen, die letztlich *das Ende der menschlichen Gemeinschaft, den Rückfall des Menschen zum allein gehenden Raubtier bedeuten* (Rede anlässlich der Fahnenweihe der Musikkapelle Algund am 15. Oktober 1972).

Magnago – die geborene Führernatur

In der Gemeinschaft soll der Einzelne jedoch all seine individuellen Fähigkeiten entwickeln und voll zur Geltung bringen. Unter *Wahrung seiner Eigenart* soll die Persönlichkeit geformt, das Ich herausgeschält werden. Denn je mehr einer sein eigenes Wesen zur Geltung bringt, desto mehr Achtung wird er in der Gemeinschaft erfahren. Andere nur nachzuäffen, sich Standpunkte kritiklos zu Eigen machen, lehnte Magnago ab. Denn Gemeinschaft heißt nicht Selbstaufgabe des Einzelnen. Jede Form der Gleichmacherei, der Nivellierung war ihm zuwider:

Ein Standard ist ein Einheitsmaß. Standardisieren heißt, in allen Maßen vereinheitlichen. Ja, lässt sich das Leben wirklich standardisieren? Lässt es sich nach einem Einheitsmaß messen? Wenn man alle Schuhe über einen Leisten schlägt, dann passen sie den meisten Menschen nicht, außer man macht auch Einheitsfüße. Das heißt, man steckt die Jugend in Zwangsformen, damit alle Füße gleich wachsen und später allen die gleichen, über einen Leisten geschlagenen Schuhe passen.

Der Obmann der SVP, einer aus vielen Komponenten zusammengesetzten und durch politische Einsicht zusammengeschweißten Sammelpartei, wusste, wie schwierig es ist, eine Gemeinschaft *gut* zusammenzuhalten. Manchmal ist ihm diese Integrationsrolle, in der er oft fast unersetzbar zu sein schien, nicht leicht gefallen. Die Notwendigkeit, die auseinander strebenden Kräfte wieder zu einigen, die Gruppeninteressen auf einen Nenner zu bringen, war oftmals ein ungemein schwieriges Unterfangen.

Im Laufe seines langen Parteilebens hatte Magnago viele Spaltungs- und Absplitterungsversuche erlebt. Er hatte unter ihnen gelitten. Meist handelte es sich dabei um Aktionen eigenwilliger oder politisch ungeduldiger Einzelgänger, die sich verkannt wähnten und daher neue Wege beschritten. Kein Wunder, dass Magnago darauf allergisch reagierte: Denn er sah eines seiner Lebensziele in der Festigung des Gedankens der Sammelpartei, im Zusammenhalt. Erfolge – davon war er überzeugt – könne man jedoch nur mit einer natürlich zusammengewachsenen Gemeinschaft, nicht aber durch einen »zusammengewürfelten Haufen« erzielen. Wenn Einzelne der Versuchung nachgäben, aus der Gemeinschaft auszubrechen, um im Alleingang angeblich Besseres zu erreichen, würden die manchmal verheerenden Folgen dieser Störung des Gemeinschaftslebens nicht immer sofort, sondern oft erst viel später sichtbar:

In der Musikkapelle ist der falsche Ton eines so genannten Alleingängers, der sich nicht in das gesamte Spiel einfügen will, sofort hörbar. Hier weiß jeder, dass er nur an seinem bestimmten Platz und mit seiner bestimmten Stimme zur Harmonie des Ganzen beitragen kann. Der beste Dirigent ist nichts, wenn die Kapelle nicht seinem Taktstock folgt. Es gäbe auch keine Kapelle, wenn jeder nur das erste Flügelhorn blasen und keiner

»Allergisch« gegen politische Einzelgänger

Magnagos Bemühen um Festigung der Sammelpartei

die Trommel schlagen würde. Aber der Trommler selbst bekommt einmal die Bedeutung des ersten Musikanten, wenn sein besonderer Einsatz kommt. Dies ist Gemeinschaft. Die Einordnung in die Freiheit bringt den Einzelnen zur Geltung und die Gemeinschaft zum Erfolg.

Das Postulat zur Einordnung des Einzelnen in die Gemeinschaft erschloss sich dem Frontsoldaten Magnago aus einem angeborenen *Ordnungsprinzip*. Chaos, Anarchie und materieller Egoismus stellten für ihn die schlimmsten Todsünden dar. Ungenauigkeiten und Schlampereien verabscheute er. Denn er pflegte ebenso selbstquälerisch wie ausdauernd über Fragen nachzudenken, die andere oberflächlich meist schon beantwortet zu haben meinten. Jede Form der geistreichen Oberflächlichkeit war ihm zuwider. Denn Magnago war ein Mann der *Disziplin*. Er nahm sich und andere in die *Pflicht*. Die Fähigkeit, sich auf nur wenige, dafür als richtig erkannte Ziele im Leben zu konzentrieren, wurde ihm von niemandem abgesprochen. Auch deshalb störte ihn Unordnung. Traf er sie, etwa daheim, im privaten Bereich an, konnte er – wie er selbst sagte – »ganz schön kleinlich sein«. Die Bücher in seiner Wohnung waren deshalb stets schön aneinander gereiht. Später, so hoffte er, würde er einmal etwas mehr Zeit zum Lesen finden. Dann wollte er sie nicht im Wust der Akten, Papiere und Erinnerungen suchen müssen. Die Weihnachtsferien wurden seiner privaten Leidenschaft, der Briefmarkensammlung, gewidmet. Sie ungeordnet zu wissen, hätte ihm keine Ruhe gelassen. Im Ferienmonat August wurde der Steingarten in Feldthurns gepflegt, vom Unkraut sorgfältig befreit. Die Manuskripte seiner Reden waren nach Jahrgängen geordnet. Fand er in seinen Taschen eine Unterlage oder einen Merkzettel nicht, wurde er nervös, ja ungeduldig.

»Der unverwüstliche Alte« war in der Politik Südtirols eine jener aktiven Herrschernaturen, die bis zuletzt auf ihrem Posten standen

Magnago schätzte Disziplin, Unordnung hasste er

und ihn auch ausfüllten. Meist bedurften sie keiner Hilfe, ja sie wollten auch gar keine. Im hohen Alter wirkte Magnago trotz schwerer Verwundung und Dauerstress noch oft wie ein »jugendlicher Vulkan«, aus dem die Funken sprühten. Seine Konstitution verleitete viele zu Fehleinschätzungen: In diesem so schwach und gebrechlich scheinenden Körper steckte eine unglaubliche *Zähigkeit*. Ein eiserner Wille band starke Kräfte. So genannte »Phantomschmerzen«, die er am amputierten Bein spürte, machten ihm vor allem bei Wetteränderungen arg zu schaffen. Auch deshalb lebte er stets maßvoll, ja asketisch. Von den alten preußischen Tugenden nannte er nur die Pünktlichkeit nicht sein Eigen. Ein wenig unpünktlich zu sein, war ein Privileg, das er sich selbst zugestand. Seine freilich auch nicht immer pünktlichen Gesprächspartner hatten sich bereits darauf eingestellt. So sehr, dass manchmal dann der Partner fehlte, wenn er ausnahmsweise einmal *wirklich* pünktlich war.

Magnago – noch im hohen Alter wie ein jugendlicher Vulkan

Pünktlichkeit war nicht seine Stärke

Wem *Charisma* zu Eigen ist, wer andere motivieren, ihnen den Blick fürs Ganze vermitteln kann, den bezeichnet man gemeinhin als Mann von hohen Führungsqualitäten. Magnago war eine Führernatur mit jener seltenen politischen Ausstrahlung, die man bei Frauen unweigerlich als Charme bezeichnen würde. Vor allem aber besaß er *Autorität*. Nicht sosehr kraft seiner Ämter, sondern durch die Kraft seiner Persönlichkeit, die man zwar ablehnen, der man sich jedoch kaum verschließen kann. Manchmal mied Magnago jede falsche Bescheidenheit. Die Leute sollten nur wissen, wo und mit wem man es zu tun hatte! Eine gewisse Egozentrik war unverkennbar.

Dass Magnago über viel Autorität verfügte, hat er oftmals eindrucksvoll unter Beweis gestellt. Ein Beispiel mag genügen. Ende Mai 1958 fiel der MSI-Politiker Mitolo, Altfaschist und ideologischer

Nachfolger Ettore Tolomeis, mit rund sechzig Neufaschisten, von Bozen kommend, in das Unterlandler Weindorf Tramin ein. Die »Strafexpedition« gegen die als besonders heimattreu bekannte Traminer Bevölkerung verfolgte den Zweck, die alten Pläne zur baldigen Italienisierung der Tiroler südlich des Brenners sozusagen handgreiflich zu unterstreichen.

Kaum in Tramin angekommen, ging Mitolos Eskorte mit Holzknüppeln auf die Einheimischen los. Diese – so hat Werner Micheli den »Tag von Tramin« in einem Leserbrief an die »Dolomiten« vom 31. Mai 1983 geschildert – wehrten sich jedoch beherzt, entrissen den »Schwarzhemden« die Knüppel. Bald entwickelte sich eine wilde Prügelei. Die Alarmsirene ertönte. Binnen kurzer Zeit füllte sich der Hauptplatz mit Hunderten von Menschen. Dann mischten sich auch die Bereitschaftspolizei »Celere« und die Carabinieri in das Handgemenge ein. Doch der Volkszorn der Traminer hatte bereits die Oberhand behalten. Mitolos Neufaschisten wurden in die Flucht geschlagen.

Unglaubliche Übergriffe der Neufaschisten auf die Traminer

Mit dem Abzug der Neufaschisten ist die Empörung der Traminer noch längst nicht verraucht. Es kommt zu erregten Diskussionen mit der Polizei. Denn die Menge weigert sich, nach Hause zu gehen. Die Lage spitzt sich immer mehr zu. Mitten in der Nacht wird Magnago angerufen: Er müsse unbedingt schnell nach Tramin kommen, sonst »passiere was«! Man braucht ihn. Sofort fährt er los. In Tramin angekommen, wird er von den Menschen umringt. Alles redet auf ihn ein. Auf dem Hauptplatz hält er eine kurze Ansprache. Er packt die Traminer bei der Ehre: »*Ich weiß*«, sagt er, »*dass die Traminer Jugend zur besten des Landes zählt. Und weil sie zur besten zählt, darf ich ein Opfer von ihr verlangen, nämlich, dass sie ruhig nach Hause geht.*« Die Worte des Parteiobmannes

»Kommen Sie schnell, sonst passiert was!«

beruhigen die Gemüter. Die Traminer stimmen das Heimatlied an und gehen diszipliniert auseinander.

Der Mann, von dem sogar seine wenigen Freunde zugeben mussten, ihn kaum zu kennen, besaß ein reiches, wenngleich qualvoll bewegtes Innenleben. Magnago war alles andere als ein geselliger Mensch. »In letzter Instanz« sei er, so charakterisierte er sich selbst, »sehr reserviert«. Diese Haltung der Distanz, ja der selbstgewählten Einsamkeit, war nur teilweise mit dem Übermaß an Verpflichtungen erklärbar, die durch die Last seiner Ämter anfielen.

Freundschaften – nicht sein Lebenselixier

Magnago war ein Einzelgänger, der Freundschaften nie gesucht hat. Der Wunsch, allein zu sein, war übermächtig. Er brauchte die Ruhe, um über Probleme zu grübeln, nach Lösungen suchen zu können. Dafür entwickelte er zunehmend eine schöpferische Phantasie, auf die er sich in kritischen Situationen stets verlassen konnte. Magnago bezeichnete sich selbst als »Finsterling«. Meinte er damit einen ausgeprägten Individualisten?

Freilich, die Distanz des Respekts, an der er selbst viele Jahre hindurch gebaut hatte – das DU Magnagos war eine seltene Auszeichnung und wurde in politischen Kreisen Südtirols lange Zeit wie eine Art Orden gehandelt –, wurde immer dann verkürzt, wenn der Politiker Magnago in den Hintergrund rückte und dahinter der *Mensch* sichtbar wurde, der das heimliche Bedürfnis verspürte, geliebt zu werden. Dies merkte man am besten beim »Bad in der Menge«. Als Obmann der SVP praktizierte er statt Bürgernähe Volksnähe. *Volksnah* wollte er sein, und er war es auch. Er nahm die Einladung in das entfernteste Dorf an, schonte seine Kräfte nicht. Der Kontakt mit der Bevölkerung, die den »Landesvater« verehrte, ja in ihm beinahe schon ein lebendes Denkmal der Südtiroler Nachkriegsgeschichte erblickte, erfrischte ihn. Wenn er dann von einer Musikkapelle oder

Kontakt mit der Bevölkerung war steter Jungbrunnen

einer Schützenabordnung begrüßt wurde, gelang es ihm, die durch Respekt gezogene Linie der Distanz zu überwinden. Dann wirkten die Signale aus seiner selbstverordneten Einsamkeit wie Morsezeichen nach mitmenschlicher Zuneigung.

Volksnähe war für den Obmann einer Volkspartei etwas Selbstverständliches. Doch um jeden Preis populär zu sein, lehnte er ab. Nie hätte er sich – und wohl niemand in Südtirol hätte ihm dies auch zugemutet – wie manche Spitzenpolitiker in anderen Ländern als Skatspieler, Kirschkernspucker oder Faschingsredner missbrauchen lassen! Denn eine gewisse *Distanz* wahrte er auch, weil er glaubte, sie sich selbst und seinem Amte schuldig zu sein.

Wahlen sind kein Jahrmarkt!

Ein Politiker hatte in seinen Augen ehrlich, glaubwürdig, aber auch seriös zu sein. *Unehrlichkeit,* besonders den Wählern gegenüber, sah er als unverzeihliche Sünde an. Seine rhetorische Begabung verstand er geschickt für seine Politik einzusetzen. Vorschnelle Versprechungen vermied er.

Machte er jedoch Versprechungen, dann nahm er sie ernst und wollte sie auch einlösen. Die Politik der großen Worte und der kleinen Taten war ihm verhasst. Man müsse um die Wahrheit ringen, sagte er, und deshalb den Mut haben, der eigenen Bevölkerung auch unangenehme Dinge zu sagen. Wahlen seien ja nicht nur ein Jahrmarkt der menschlichen Eitelkeit! Vor allem aber gelte es in der Politik, von den Idealen, die man anderen anpreise, »selbst hundertprozentig überzeugt« zu sein.

Denn im Gegensatz zu manchen Journalisten, von denen der Volksmund behauptet, dass sie es gar nicht mehr merkten, wenn sie lögen – und das Gleiche gilt wohl kaum weniger für ausgefuchste Politiker –, war Magnago ein *Wahrheitsfanatiker*. Und so wie er die kleine Ordnung bei seinen Büchern, Briefmarken oder in seinem

Von Idealen, die man anderen anpreist, muss man selbst überzeugt sein

sorgsam gepflegten Steingarten in Feldthurns liebte, verabscheute er Halbwahrheiten. Dies alles gab ihm manchmal den Anstrich der kleinlichen Rechthaberei, des Mannes, der stets belehren wollte, wenngleich nicht mit erhobenem Zeigefinger. Und der Eindruck trog nicht: Magnago war ein großer *Moralist,* dem nicht nur alles Gleichförmige, Genormte und Uniformierte zutiefst zuwider, sondern der auch von seinen Idealen und Grundsätzen überzeugt war.

Magnago – ein großer Moralist

Und weil er dies war, lebte er auch danach. Der Drang zu höheren Werten war unverkennbar. Der Mensch habe, so hat er einmal vor Südtiroler Hochschülern in Innsbruck gesagt, eine doppelte Aufgabe im Leben: »Sich immer mehr zu vervollkommnen« und einen seinen Fähigkeiten entsprechenden Platz in der Gemeinschaft einzunehmen. Die Freiheit setze nämlich ein hohes Maß an Selbstdisziplin und Selbstbeschränkung voraus. Nur so könne sich eine Persönlichkeit überzeugend formen.

Magnago wurde im Zeichen des *Wassermanns* geboren, des Tierkreiszeichens der Musiker und Revolutionäre, in dem so vielschichtige Naturen wie Mozart und Schubert, Marx und Brecht, Grillparzer und Strindberg, Robespierre und Friedrich der Große zu finden sind. Das Streben nach dem Absoluten war entwickelt, doch nicht minder jenes nach tieferer Klarheit, nach Einsicht. Dieses faustische Bemühen, bei dem dem Menschen freilich auch seine Grenzen schmerzlich und seine Unzulänglichkeiten klarer bewusst werden, gab Mut, sich auf ein Ziel zu konzentrieren. Bei Magnago hieß das Lebensziel *Südtirol* oder die Suche nach einem überzeugenden Ausweg aus einem historisch bedingten Dilemma. Diesem Ziel wurde alles untergeordnet. Ein tiefes *Pflichtgefühl* verlieh die Kraft, alles als unwesentlich Erkannte beiseite zu schieben, spornte an, paarte sich mit der Festigkeit in den Prinzipien. Das Motto aus

Ein Leben für Südtirol

Magnagos Lebensziel hieß Südtirol, dem er alles unterordnete

Shakespeares Hamlet »Dies über alles: Bleib Dir selber treu!« – auf ihn traf es zu.

In diesem Sinne war Magnago das genaue Gegenteil eines innerlich erstarrten Menschen, dessen Weltbild gestört ist. Jeder Mensch, so meinte er im Gespräch, sei in erster Linie selbst dafür verantwortlich, was er aus seinem Leben mache. Wichtig sei es jedoch, allen möglichst gleichwertige Startchancen durch Ausbildung und Berufsertüchtigung zu geben.

Magnago nahm alles ernst. Er war ein schwerblütiger, wenngleich kein dumpfer Mensch. Selten hat ihn ein Südtiroler lachen gesehen. Eine nicht ganz ausgeheilte Lähmung der rechten Gesichtshälfte durch seine schwere Kriegsverwundung war *einer* der Gründe dafür – ein Akt der kleinen Eitelkeit, dass er sich »das Lachen abgewöhnt hat«. Ein anderer bestand in der Erkenntnis, dass das Leben eine ungemein ernste und deshalb verpflichtende Sache sei. Beim Begriff GLÜCK musste er lange nachdenken. Was er als Glück empfinde? Nun, am ehesten, meinte er, läge es im Gefühl, den richtigen Weg gegangen zu sein, anderen Menschen geholfen zu haben. Ja, am Vorabend des Urlaubes, da spüre er noch am ehesten ein Gefühl der Befriedigung, sich nun einen Monat lang auszuruhen, sich endlich seinen Hobbys widmen zu können. Doch Glück …?

Vor dem Tod hatte er deshalb keine Angst. Der Gedanke daran war dem Frontkämpfer von einst vertraut. Er sah ihn auch als Ende von Sorgen und Leiden, als »Erlösung«. Er würde sich jedoch freuen – und dies sei »menschlich«, betonte er im Gespräch in den späten achtziger Jahren –, seinen politischen Auftrag erfüllen und die Phase der »Paket«-Durchführung noch selbst abschließen zu können. Angesichts der vielen, auch durch den ständigen Regierungswechsel in Rom bedingten Verzögerungen befiel ihn manchmal die Angst, dies vielleicht nicht mehr zu schaffen, sein politisches Le-

Magnago konnte sein politisches Lebenswerk noch selbst vollenden

benswerk dadurch gefährdet zu sehen. Aber dann würden schon seine Nachfolger dafür Sorge tragen, die Ernte noch gut in die Scheune zu bringen. Der Wunsch, den Großteil seines politischen Lebenswerkes noch selbst abschließen zu können, ist ihm in Erfüllung gegangen. Nein, Angst vor dem Tode hatte er nicht. »Das müssten eigentlich die haben, die ihr Leben vergeudet haben«, so sagte er oft. Er hatte das gute Gefühl, nicht umsonst gelebt zu haben.

Nicht an den Tod zu denken, an dieses natürliche Ereignis im Leben jedes Menschen, hielt er deshalb für falsch, ja für kurzsichtig:

Der Tod steht hinter jedem, auch hinter jedem von uns, und keiner weiß den Ort und die Stunde, wo und wann er ihm auf die Schulter klopft, um ihm die abgelaufene Lebensuhr zu zeigen. Wir gehen froh durch das Leben, und unser Blick ist nach vorne gerichtet, in eine Zukunft, die wir zwar nicht kennen, die wir uns aber schön ausmalen und die wir nach diesem unserem Leitbild gestalten wollen. Wir blicken nicht zurück auf den, der uns mit Sense und Sanduhr folgt. Wir schauen erwartungsvoll in die Zukunft.

Magnago gehörte zu den Gebrannten zweier Diktaturen. Er war durch die unbarmherzige Lehre einer schrecklichen Zeit gegangen, hatte unter den Schlägen der nazi-faschistischen Machthaber gelitten und gelernt. Für den überzeugten Demokraten waren Wahlergebnisse stets neue Verpflichtungen. Denn Politik – davon war er überzeugt – ist nicht nur die Kunst des Möglichen. Sie biete vor allem die Möglichkeit zur Gestaltung. Die Politik wurde so zur einzig wirklich großen *Leidenschaft* seines Lebens. Politik verlangt Fingerspitzengefühl, Einfühlungsvermögen. Magnago besaß diese Gaben in hohem Maß, ja fast einen sechsten Sinn für kommende Situationen. Doch Politik verlangt neben Leidenschaft auch *Realismus*. Gefühl allein – so hatte er in seiner Neujahrserklärung 1982/83 betont, um seiner Ansicht nach überzogenen politischen Wunschträumen

Die Politik war Magnagos einzige wirklich große Leidenschaft

entgegenzutreten – könne in der Politik zu einer »Nebelmauer werden, die den Blick in die harte Wirklichkeit« verdecke. Deshalb müsse man sich oftmals auch mit »vernünftigen« Kompromissen zufrieden geben. Diese dürften jedoch nie den Lebensnerv einer Minderheit betreffen. Wenn *dieser* gefährdet erschien, war Magnago unbeugsam, seine Kompromissbereitschaft erschöpft. Dann wählte er mit einer »ans Fanatische grenzenden Entschlossenheit« (Nikolaus Benckiser) den Kampf, auch wenn er ihn grundsätzlich lieber vermeiden wollte. Wenn in schwierigen Situationen Gefahr drohte, bewies er eine Steigerungsfähigkeit, die seine Freunde verblüffte, seine Gegner jedoch geradezu zur Verzweiflung brachte!

Eine seiner großen Fähigkeiten, auch in eigener Beurteilung, bestand in der Kunst, zu *vermitteln*. Sie war ihm beinahe angeboren. Im vorsichtigen Abwägen, im zurückhaltenden Beurteilen, zeigte sich, dass er von seinem Vater die Fähigkeiten eines guten Richters geerbt hatte. Magnago besaß unerhörte Geduldsreserven. Sein Sitzfleisch hat manchen Widerpart in seiner Partei buchstäblich zermürbt. Er wusste, dass das Gefühl für den richtigen Zeitpunkt in der Politik eine bedeutsame Rolle spielt. Darin und in der Raffinesse, seine Argumente taktisch geschickt vorzubringen und mit rhetorischem Theaterdonner zu untermauern, bewunderten ihn alle. Tricks verabscheute er jedoch.

Angeborenes Talent: die Kunst des Vermittlers

Magnagos rhetorischer Stil

Magnagos Taktik der oftmaligen Wiederholung, unter der seine Parteikollegen manchmal litten, entsprach der Überzeugung, dass man das als richtig Erkannte durchsetzen müsse, und vielleicht auch der Angst, nicht richtig verstanden zu werden. Manchmal wirkte sie auch wie ein Versuch, die Zeit anzuhalten. Magnago liebte es, in seinen Reden weit auszuholen. Anlässlich einer Tagung der Europa-Union im Jahre 1977 in Straßburg versprach er »kurze, einführende

Erläuterungen«, um dann fast dreizehn Seiten lang Grundlegendes über Europa und den Schutz der Volksgruppen zu sagen. Er konnte jedoch auch zuhören. Zu den sozial Schwachen, zu jenen, denen Unrecht zugefügt wurde, hatte er ein besonderes Verhältnis. Viele rühmen deshalb auch heute noch seinen Sinn für Gerechtigkeit, eine der Kardinaltugenden, die er besonders als Landeshauptmann unter Beweis stellte.

Trotz mancher Weitschweifigkeiten, zu denen die meisten guten Redner neigen, bediente sich Magnago einer einfachen, klaren Sprache. Seine bildhaft-plastischen Vergleiche entsprachen dem Bemühen, dem einfachen Menschen auch schwierige Sachverhalte und komplizierte Begriffe *verständlich* zu machen. Sich verständlich auszudrücken, war für ihn nicht nur eine Formel. Es bedeutete Verfertigung des Gedankens oft noch während der Rede. Es war Anstrengung, das Trennende, aber auch das Verbindende offen zu legen, war Bemühen um wirkliche Diskussion. Manchmal wirkten Formulierungen freilich so, als ob sie »ex cathedra« gesprochen worden wären, als ewig gültige Dogmen, an denen man nicht rütteln dürfe. Dafür brauchte der Zuhörer nicht daran zu zweifeln, dass sie Magnagos wirklicher Überzeugung entsprachen. Das Wort »endgültig« mied er in der Politik tunlichst. In einer Zeit der ständigen Veränderung ist das »niemals«, davon war er überzeugt, ein schlechter Ratgeber.

Magnagos *Wandlungsfähigkeit* war dennoch erstaunlich. Er, der sich in seinen Grundzügen im Leben kaum verändert hatte, wusste diese in der Politik geschickt als Ergebnis eines Lernprozesses, als positives Resultat einer persönlichen Reifeentwicklung darzustellen. Dennoch war die Frage nach seiner Wandlungsfähigkeit nicht wichtig. Denn der Mann beharrte fest, ja geradezu eigensinnig auf dem einmal als richtig und wichtig Erkannten. Zugleich war er jedoch

Magnagos einfache und klare Sprache

Das Wort »endgültig« soll man in der Politik meiden

weise und neugierig genug, auch andere Meinungen kennen zu lernen. Im hohen Alter ändert man sich zwar nicht mehr, Magnago gelang es jedoch immer noch, dem Neuen ohne oder mit möglichst wenig Vorurteilen zu begegnen. Kissingers Behauptung, dass sich in hohen politischen Positionen mit ihrem ungeheuren Leistungsdruck der Verstand nicht mehr entwickle, traf auf Magnago wohl kaum zu. Er besaß auch in den letzten Jahren seines Lebens noch immer ein gutes, fast kriminalistisch geschultes Gedächtnis. Er vergaß kaum etwas; weder Verstand noch Verständnis hatten abgenommen. Der langjährige SVP-Obmann und Landeshauptmann hatte ja nicht nur von Erfahrung, Routine und Taktik gelebt! Aber auch im vorgerückten Alter war ihm ein gewisser Lernwille, dieses schöpferische Feilen an sich selbst, nicht abzusprechen.

Magnago besaß noch im hohen Alter ein beinahe kriminalistisch geschultes Gedächtnis

Spezialist für Widersprüche, wie sie in der Politik nicht selten anzutreffen sind, war der SVP-Obmann nicht. Wohl aber verteidigte er Standpunkte vehement, voll Überzeugungskraft, und an einmal als richtig erkannten Positionen krallte er sich geradezu fest. Er nahm andere ernst, achtete ihre Überzeugung. Intolerant war er selten. Magnago bemühte sich auch, es nicht zu sein. Gegner, die fair und sachlich argumentieren, erfreuten sich seiner großen Beachtung. Er schien ihnen – und dies wurde ihm auch manchmal vorgeworfen – mehr Wertschätzung entgegenzubringen als seinen ohnedies raren Freunden. »Ich habe keine Freunde«, hatte er einmal einem langjährigen Mitarbeiter im Gespräch eher schroff erklärt, als dieser aus der langjährigen loyalen Zusammenarbeit in guten wie in schlechten Zeiten einen gewissen moralischen Anspruch auf seine Unterstützung abzuleiten versucht hatte. Dabei war Magnago viel empfindsamer, als er sich selbst und seiner Umwelt gegenüber ein-

Die politische Überzeugung anderer wurde geachtet

zugestehen bereit war. Die Gefühle wurden jedoch verborgen, hinter einer Festung aus Gleichmut abgesichert. »Ich berate mich mit niemandem, jammere aber auch keinem etwas vor«, hatte er dem Verfasser dieses Buches über ihn einmal erklärt. Unrecht wurde erlitten. Jenen, die es ihm zufügten, konnte er innerlich nicht leicht verzeihen. Noch viel schwerer aber fiel ihm das Vergessen. Kränkungen trafen ihn, aber er zeigte es nicht. Die harte Schule des Lebens hatte ihn Selbstbeherrschung gelehrt. Jähzornig hat man Magnago deshalb kaum einmal erlebt, zornig nur selten. Dann schleuderte er jedoch wie Moses seine Blitze, drohte, die Konsequenzen zu ziehen. Er sei schon lang genug Obmann der Partei! Da könne doch auch einmal ein anderer sein Glück versuchen, wenn er meine, dass dies so leicht sei. Andererseits versuchte er seinen Gegnern gegenüber besonders fair, besonders gerecht zu sein. Zumindest wollte er dies tun. Die Kunst der objektiven Beurteilung von Gegnern erwies sich freilich auch oft als gezielt eingesetzte Methode der subtilen Umwerbung.

Magnago war – um seine eigenen Worte zu zitieren – kein Mann der »falschen Bescheidenheit«. Er »zierte sich nicht«, etwa eine Ehrung entgegenzunehmen. Ganz im Gegenteil! Wie er anlässlich der Ehrenbandverleihung der Rheno-Danubia-Studentenverbindung Anfang November 1982 in Igls betonte, empfinde er jede Ehrung »als Bestätigung der Richtigkeit des Weges«, auf dem er die Politik in Südtirol »ein gutes und entscheidendes Stück führen durfte«. In seiner Laudatio hatte ihn der damalige Brixner Bezirksobmann und SVP-Landtagsabgeordnete Luis Zingerle als Menschen bezeichnet, der »mit der Macht seiner Persönlichkeit, seines Wissens und Gewissens und mit seiner charismatischen Autorität« entscheidende Phasen der Süd-

Auszeichnungen fasste Magnago als Bestätigung seiner Politik auf

tirolpolitik gemeistert habe. Dieser Weg sei von Schwierigkeiten geradezu gepflastert gewesen. Magnago antwortete, am schwierigsten sei es jedoch, sich selbst zu überwinden:

Die großen Schwierigkeiten findet der Mensch aber nicht in den äußeren widrigen Umständen, auch nicht in den Gegnern seiner Überzeugung, sondern in sich selbst. Jede Entscheidung, jeden Schritt muss der Mensch zuerst in sich selbst durchkämpfen, ehe er sie überzeugend auch nach außen hin durchsetzen kann.

Magnagos Charisma

Gerade in der *politischen* Tätigkeit wird – wie er einmal sagte – der »von großem Wollen, von Phantasie und Tatendrang, vom Wunsch nach Verwirklichung des erkannten Guten und Rechten beflügelte Geist bei der realen Durchführung des ideal Geschauten immer wieder an die physischen Grenzen der menschlichen Unzulänglichkeit« schmerzlich erinnert. Als Magnago der Ring des Landes Tirol, die höchste Auszeichnung des alten gemeinsamen Heimatlandes, überreicht wurde – sie war ihm wohl auch mit Abstand die liebste –, meinte der bisher einzige Preisträger aus Südtirol, meist werde bei einer Ehrung nur über die Verdienste und über die erreichten Erfolge gesprochen. Doch habe die glänzende Medaille auch eine Kehrseite, denn der Rest, um mit Josef Weinheber zu sprechen, bleibe dabei ungesagt:

Magnago erhält die höchste Auszeichnung des Landes Tirol

Es bleibt ungesagt, was das Herz bewegte, es bleibt ungesagt, wenn es um die Misserfolge, um die kleinen wie die großen, litt, wenn das eigene Wollen an den vielfältigen Widerständen scheitert. Es bleibt ungesagt, was uns an Sehnsucht nach Vollendung erfüllt. Es ist jene innere Triebfeder, die uns immer wieder zu neuem Einsatz bewegt, um die Kraft und die Gültigkeit unserer geistigen Welt an der Wirklichkeit des politisch Durchsetzbaren zu messen.

Als intuitiv begabter Mensch und starker Charakter mit all seinen Ecken und Kanten, mit all seinen Vorzügen und menschlichen

Unzulänglichkeiten war Magnago mit der Kunst der Politik vertraut. Er beherrschte sie geradezu virtuos. Hier kannte er alles bis zur letzten Note, jeden Winkel hatte er ausgeforscht. Aber er hatte auch das Glück, sich dabei auf bewährte Mitarbeiter stützen zu können – auf die beinahe allumfassenden Kenntnisse eines Alfons Benedikter, auf das juridisch-politische Geschick eines Roland Riz, auf den analytisch geschulten Sachverstand eines Peter Brugger, auf die parlamentarische Erfahrung eines Karl Mitterdorfer, auf Pragmatiker wie Luis Durnwalder und Joachim Dalsass sowie auf die große schulische Erfahrung eines Toni Zelger. Diesen zählte er zu seinen wenigen Freunden.

Magnago hatte das Glück, sich auf bewährte Mitarbeiter stützen zu können

»Landesvater« war Magnago gern, als »Landesfürst« gab er sich nie. Die Details der Verwaltung behagten ihm nicht immer, sie waren gewiss nicht seine Stärke. In achtundzwanzig Jahren Amtszeit als Landeshauptmann hatte er sich dennoch eine immense Erfahrung erworben. Den Landesräten, seinen zwar loyalen, doch oftmals auch eigenwilligen Mitarbeitern, pflegte er viel freien Spielraum zu lassen. Vermitteln musste er zwischen ihnen oft. Die Gabe der Koordinierung wurde, da auch als »Einmischung« in die Zuständigkeiten seiner Landesräte missverstanden, nur selten angewandt.

Magnago ließ seinen oft eigenwilligen Landesräten viel Spielraum

Der *Landeshauptmann*, zu dessen gewiss nicht unwichtigen Aufgaben auch die Vermittlung zwischen der deutsch-ladinischen und italienischen Interessenwelt zählte, sah die Politik als maßgebliches »Werkzeug der menschlichen Ordnung«. Zum hundertjährigen Bestehen der Südtiroler Sankt-Vinzenz-Konferenzen rühmte Magnago in Bozen die Grundsätze der christlichen Sozialpolitik, denen er sich verschrieben hatte. Sie müssten allerdings nicht nur gepredigt, sondern auch verwirklicht werden! Von einer Sozialpolitik, die sich in »großen Worten, sterilen Forderungen und bürokratisiertem Verteilersystem erschöpft«, hielt Magnago nichts. Wenn man all das, was die Gesellschaft heute fordere, auch erfüllen würde, dann »müsste man über den Reichtum der ganzen Welt und über die Allmacht Gottes verfügen«, sagte er 1977 in Eppan, als dessen Bürgermeister Fritz Dellago seine 25-jährige Amtszeit feierte. Dem Schutz der wirklich Bedürftigen widmete der Landeshauptmann hingegen viel von seiner knappen Zeit. Jedem, der Rat und Hilfe brauchte, stand die Tür seines Amtssitzes im Bozner Landhaus stets offen. In beinahe einem Vierteljahrhundert haben Tausende Südtiroler diese Möglichkeit genutzt. Magnago nahm den einzelnen Menschen und dessen Probleme ernst. Deshalb behandelte er auch den kleinsten Fall genau. Dem Leidenden sollte Hilfe, dem Bürger Gerechtigkeit zuteil werden.

Jeder, der Rat und Hilfe brauchte, konnte zu ihm ins Landhaus kommen

Auch dem Begriff der Sozialpartnerschaft und dem Grundsatz der freien, sozialen Marktwirtschaft hatte sich der Landeshauptmann verschrieben. Doch immer wieder betonte er – so etwa bei einer Versammlung des Wirtschaftsringes am 20. März 1981 in Bozen –, dass sein Bekenntnis zur Marktwirtschaft vor allem deshalb so eindeutig ausfalle, weil diese *nicht mehr völlig frei ist, sondern auch das Prädikat sozial bekommen hat*.

Bekenntnis zur Sozialpartnerschaft und zum freien Markt

Und früher als viele andere hatte er erkannt, dass die Marktwirtschaft auch ökologisch ausgerichtet sein müsse. Die Rettung der Umwelt, der herrlichen Südtiroler Landschaft vor Raubbau und mutwilliger Zerstörung, sah der Landeshauptmann als eine der großen Herausforderungen dieses Jahrhunderts an. Die Natur als »Ausbeutungsobjekt« zu sehen, dies sei ein Vorrecht der »Kulturlosen«. Immer wieder betonte er vor dem Südtiroler Landtag die Notwendigkeit eines möglichst harmonischen Gleichgewichtes zwischen den wirtschaftlichen und ökologischen Interessen. Neben der dafür notwendigen Kompromissfähigkeit müsse, so meinte er in

Umweltschutz war ihm schon früh ein Anliegen

diesem Zusammenhang, freilich auch die Einsicht in das Notwendige, Mögliche und Machbare gefordert werden.

Die gesellschaftliche Ordnung müsse auf den Grundpfeilern der Freiheit und der sozialen Gerechtigkeit stehen, betonte Magnago auf der Landesversammlung des Verbandes der Südtiroler Werktätigen (KVW) am 25. April 1981 in Bozen. Der Werktätige sei zuerst »Mensch als Geschöpf, als Ebenbild Gottes«. Aus seiner Würde, aus dem Gebot der Liebe und aus der Achtung vor dem Mitmenschen leite sich die Pflicht zur sozialen Hilfe ab:

Bewusst und verantwortungsvoll handeln, das macht die Würde des Menschen aus.

Der KVW habe, so rühmte Landeshauptmann Magnago damals die Arbeit des Verbandes, seit seiner Gründung ein wirksames Gegengewicht gegen den ersten Großangriff der marxistischen Gewerkschaften gebildet, den Südtiroler Arbeiter zu verproletarisieren. Durch den Aufbau des Patronates habe man eine vielfältige konkrete materielle Hilfe für alle Werktätigen des Landes geleistet, durch die Betreuung der Südtiroler Heimatfernen viele der Heimat erhalten. Nicht zuletzt habe der KVW auch einen Beitrag geleistet, die Entwurzelung der Südtiroler in den Städten zu verhindern, »damit sie nicht im geistigen Sinne Heimatferne werden«.

Der KVW ist das soziale Gewissen des Landes

Die Fürsorge für den bedürftigen, kranken oder alten Menschen, so stellte der Landeshauptmann fest, dürfe jedoch nie zu einer Art Mode oder gar zu einem Aushängeschild für soziale Gesinnung werden. Denn der Mensch sei kein Objekt, über das man verfügen dürfe. Deshalb müsse man – so betonte er auf einer Tagung in der Cusanus-Akademie von Brixen am 12. April 1975 – den Grundsatz des stufenweisen Einsatzes der Glieder einer Gesellschaft bei der Lösung von Aufgaben nach den Regeln des Subsidiaritätsprinzips beachten. Denn nur durch diese sinnvolle Arbeitsteilung von unten nach

Das Subsidiaritätsprinzip stand hoch im Kurs

oben, die der »natürlichen Gesellschaftsordnung« entspräche, könnte man der Gefahr entgegenwirken, dass sich Körperschaften immer mehr ausweiten und »unsterblich werden«. Die italienische Staatsverwaltung mit ihren Tausenden von unnützen Körperschaften beweise die Richtigkeit dieser Warnung.

Die Privatinitiative, davon war Magnago überzeugt, ist ebenso grundlegend wie unerlässlich. Denn ein persönliches Risiko sei – wie der Landeshauptmann anlässlich der Einweihung der neuen Betriebsstätte der Firma Seeber in Leifers im Jahr 1976 feststellte – im Leben ebenso wie in der Wirtschaft einfach unerlässlich. Die Partnerschaft zwischen den Unternehmern und den Arbeitern entstehe durch Vertrauen, Leistung und soziales Verhalten, nicht zuletzt aber auch durch das Interesse der Mitarbeiter an der Produktion.

Als Landeshauptmann hatte Magnago bei zahlreichen Stellungnahmen im Südtiroler Landtag, vor allem anlässlich der Haushaltsdebatten, schon mitten in der Zeit der wirtschaftlichen Hochblüte vor der »Illusion vom ewigen Wachstum« gewarnt. Den mageren Jahren, so meinte er mitten in der Rezessionsphase auf dem 6. Bundeskongress des ASGB am 12. Dezember 1982, müsse man mit Realismus und Zuversicht begegnen: Bei »wirtschaftlicher Windstille« müsse jeder wissen, wohin er steuern und rudern wolle. Wenn man es kräftig genug tue, werde man schon weiterkommen. Neben dem wirtschaftlichen Fortschritt, so betonte er bei der 8. Landesversammlung der Jungen Generation in der SVP in Terlan, müsste nun auch wieder mehr der »geistige Fortschritt« in den Mittelpunkt gestellt werden, sollten Geist, Kultur und Volkstum nicht verkümmern. Denn ein Volk, das sich nur dem Materialismus verschreibe, habe keine Zukunft. Und bei der Einweihung des Studentenheimes »Kanonikus Michael Gamper« in Mals im Jahr 1971 stellte der Landeshauptmann eine seiner Grundüberzeugungen in den Mittel-

Den mageren Jahren muss man mit Realismus und Zuversicht begegnen

punkt seiner Ausführungen: Neben der gesunden Familie und dem »natürlichen Reichtum an Kindern« sei die gute Ausbildung der Jugend auf einer möglichst breiten Ebene die beste Garantie für den Fortbestand und die Behauptung in ihrer Heimat.

Glück, so hat einmal jemand formuliert, bedeutet besonnenes Nachdenken über eine klar erkannte Welt. Das Wort könnte von Magnago selbst stammen. Denn ein fest umrissenes Weltbild hatte er. Da waren die Konturen scharf, die Grenzen unverrückbar. Wenn es galt, das Erreichte zu bewahren, in eine noch bessere Form zu gießen, ohne deshalb den Inhalt zu gefährden, dann war er in seinem Element. Nie wirkte er überzeugender, als wenn er gegen den »verderblichen Zeitgeist«, den er verabscheute, zu Felde zog.

Magnagos fest umrissenes Weltbild

Bei der Einweihung des Theaters in Meran im November 1978 protestierten junge Menschen gegen die angebliche Verschwendung. Es kam zu Ausschreitungen, Steine und faule Eier flogen. Magnago wurde persönlich verunglimpft. Kein Wunder, dass er gegen die Leute, »die glauben, den Fortschritt gepachtet zu haben«, doch seiner Ansicht nach nur ein destruktives Spiel betreiben, scharf zu Felde zog. Es gebe Menschen, so sagte er damals, die meinten, *diese Gesellschaft sei so dekadent und morsch, dass sie sogar noch dafür bezahlt, wenn ihr der eigene Untergang vorgespielt wird, dass sie sich um des Nervenkitzels willen ins Theater setzt, um den eigenen Untergang anzusehen.*

Vor der *geschichtlichen Tradition* hatte Magnago tiefe Ehrfurcht. Ohne dieses Bewusstsein, so mahnte er bei der Hundertjahrfeier der Feuerwehr Bruneck Mitte Juli 1974, seien wir »Eintagsfliegen im geschichtlichen Ablauf, ohne Vergangenheit und ohne Zukunft«. Deshalb war er bemüht, in dem tiefen Bergwerk der Geschichte reich

Proteste bei der Einweihung des Theaters in Meran

und ausgiebig zu schürfen, den »tiefen Brunnen der Vergangenheit« (Thomas Mann) auszuloten, um so für die Gegenwart Lehren zu ziehen, um so die Zukunft noch besser ertasten zu können. Magnagos geistig-politische Spannkraft galt dabei dem Heute. Bruchstellen in der Geschichte übten keinerlei Faszination auf ihn aus, ebenso wenig Revolutionen und Revolutionäre. Im Gegenteil! Sie störten ihn, der sich dem Begriff der Kontinuität, des vorsichtigen Wandels verschrieben hatte. Hätte er etwa zwischen Andreas Hofer und Michael Gaismair wählen müssen, er hätte unbesehen dem Freiheitshelden von 1809 vor dem doppelbödigen Verfasser der Tiroler »Landesordnung« den Vorzug gegeben. *Der Fortschritt*, so hatte er bei einer Festrede in Gries gesagt, *besteht nicht im unbesehenen Wegwerfen des Alten, sondern im weisen Auswählen, was Bestand hat, was zum eigenen Wesen gehört, und im Erneuern dessen, was notwendig ist.*

Wahl zwischen Andreas Hofer und Michael Gaismair

Sein Geschichtsbewusstsein bewahrte Magnago vor jener Krankheit unserer Gesellschaft, die man zurzeit als gestörtes Verhältnis beschreiben könnte. Es handelt sich dabei um ein Krankheitssymptom, dessen Ursache »wie bei gewissen seelischen Erkrankungen des Einzelmenschen« (so Franz Wieacker) ein verkürztes Aktualitätsbewusstsein ist, eine Art Schrumpfungsprozess hin zum aktuell erkannten Augenblick. In dieser Hinsicht vertrat Magnago in überzeugender Form die Grundwerte des modernen Konservativismus. Niemand wolle, so hatte er stets betont, Überholtes konservieren. Doch für Heimat und Volk, für christlichen Glauben und Traditionsbewusstsein gelte es einzutreten, notfalls auch zu kämpfen. Denn Tradition bedeute ja nicht das Sammeln von Asche, sondern das Weitergeben einer Flamme.

Es gilt, sich für Heimat und Volk und für den christlichen Glauben einzusetzen

In einer Zeit, in der viele Werte der Vergangenheit umstritten sind, setzte Magnago »dieser Anarchie« bewusst den Begriff der traditionsverbundenen, geschichtlich gewachsenen Gemeinschaft entgegen. Nicht, so betonte er, weil man überalterten Idealen, einer Romantik der Vergangenheit oder gar der Fata Morgana einer irrealen Volksgemeinschaft nachhänge, sondern weil in der Gemeinschaft die »zukunftsweisende Idee« zu sehen sei, an der man sich orientieren könne. Und er begegnete damit aller modischen Kritikschelte. Denn er war überzeugt, dass nur das Bestand hat, was natürlich gewachsen ist.

Traditionen müssen bewahrt werden

Der Enthusiasmus, einem großen Ziel zu dienen und dabei einzelnen Menschen, die es verdienen, auch helfen zu können, hatte Magnago so manche Enttäuschung im politischen Kleinkrieg versüßt. Der Mann, der selten Gefühle zeigte, weil er sein reiches Gefühlsleben mit eiserner Willenskraft gezähmt hatte, besaß ein großes *Herz für die Leidenden, Kranken, Behinderten;* für all jene, die sozial im Windschatten unserer Gesellschaft stehen und deshalb besonders benachteiligt sind. Vielen hat er im Laufe seines langen Lebens auf Grund seiner Möglichkeiten als Landeshauptmann, vor allem aber durch eine sozial ausgerichtete Landespolitik, einmal beistehen können, auch privat hat er dazu stets mehr als nur sein Scherflein beigetragen. In seinen Reden zu diesem Thema mahnte er – wie immer mit engagiertem Pathos –, nie zu vergessen, dass man es mit dem kostbarsten Material, nämlich dem Menschen, zu tun habe. Dieser aber brauche neben der medizinischen Betreuung vor allem menschliche Wärme. Früher seien Krankheit, Hilflosigkeit und Armut als beinahe unabwendbares Schicksal erschienen.

Sozial ausgerichtete Landespolitik

Heute müsse man hingegen mehr für die soziale Chancengleichheit, gegen die Entfaltungsstörungen junger Menschen, gegen die Geißel der Suchtkrankheiten kämpfen. Und dabei stoße man immer wieder schmerzlich auf die Grenzen der menschlichen Betätigungsmöglichkeiten:

Es ist dem Menschen in keinem Land und in keinem politischen System möglich gewesen, dieses Paradies der theoretisch möglichen totalen Geborgenheit in sozialen Einrichtungen zu verwirklichen. Die geistigen Erkenntnisse über unsere Hilfsmöglichkeiten weiten sich aus, die moralische Bereitschaft zur Nächstenliebe wächst – aber beide finden immer wieder ihre Grenze an der menschlichen Einsatzmöglichkeit.

Kein Wunder, dass Magnago die medizinischen Errungenschaften des 20. Jahrhunderts, dieser »Zeit des großen Zwiespalts«, imponierten. Denn sie helfen, »Menschen vor dem Unglück zu bewahren«. Der Tod eines Kindes in seiner unmittelbaren Nachbarschaft, das an den Folgen einer Kinderlähmung starb, hat ihn tief erschüttert, sehr nachdenklich gemacht. Mit Kindern konnte er gut umgehen, sie mochten ihn spontan. Im Umgang mit ihnen zeigte er jene Herzlichkeit, die man sonst eher vermisste. Wahrscheinlich ist ein guter Vater an ihm verloren gegangen. Dass ihm selbst Kinder versagt geblieben sind, ist früher schmerzlich, dann aber als »Fügung des Schicksals« hingenommen worden. Ein Gedanke tröstete ihn jedoch: Er hätte sonst sicherlich weniger Zeit und Einsatzfreude für die Politik gehabt beziehungsweise im umgekehrten Fall seine Kinder vernachlässigt. Und vielleicht, so meinte er, hätte ihm dann für Kinder auch die notwendige Geduld gefehlt.

Magnago – ein Freund der Kinder

Von den historischen Persönlichkeiten bewunderte er Maria Theresia. »Sie ist zwar eine Frau«, sagte der Patriarch Magnago, doch sei es schon imposant, womit sie in so kriegerischen Zeiten insgesamt fertig geworden sei. Sechzehn Kinder habe sie auf die Welt gebracht und dennoch die Staatsgeschäfte gut geführt. Die deutschen Klassiker und Grillparzer liebte er, zitierte auch gern aus ihnen, zog Kraft aus ihren Worten. Von den Komponisten bewunderte der schwerblütige Mensch – wie konnte es auch anders sein! – vor allem Beethoven. Er bedauerte es, in seiner Jugend kein Instrument spie-

Magnago liebte die deutschen Klassiker

len gelernt zu haben. Chor- und Blasmusik, als höchste Verkörperung des Zusammenwirkens einer harmonischen und deshalb leistungsstarken Gemeinschaft, begeisterten ihn. Die Liebe zum Sport war ihm aus den Tagen der Jugend unversehrt erhalten geblieben. Erfolge von Südtiroler Sportlern bei internationalen Wettkämpfen erfüllten ihn »mit heißem Stolz«. Bei Fernsehübertragungen konnte er, etwa bei vermeintlichen Fehlurteilen von Schiedsrichtern, so in Rage kommen, dass er gezwungen war, den Apparat abzuschalten. Die zunehmende Vermarktung des Sports ärgerte ihn, er hat sie stets angeprangert.

Die Vermarktung des Sports lehnte Magnago ab

Der Asket Magnago hat *den materiellen Dingen* nie große Beachtung geschenkt. Im Gegenteil! Den Materialismus sah er als tödliche Gefahr, auch für die Bewahrung jener Tiroler Identität, die Weg und Ziel des Kampfes um mehr Landesautonomie war:

Es ist leicht, von Helden zu sprechen, sie zu feiern und sie zu ehren, aber es ist bitter und schwer, Opfer, Entbehrungen und Tod auf sich zu nehmen. Es genügt aber nicht, der Toten, der Gefallenen, der Opfer für Volk und Heimat zu gedenken, wenn wir dann für den Rest des Jahres wieder zur Tagesordnung der Geschäfte, zu Materialismus und Eigennutz, zu zermürbenden Zerwürfnissen und Zwietracht unter uns, zu Unzufriedenheit und Missgunst gegen den Nächsten zurückkehren … Von allen unseren Gütern wird uns, wenn wir einmal abberufen werden, nichts bleiben; doch unser Name wird nicht in dem Maße genannt werden, in dem wir unser Leben genossen, sondern in dem Maße, in dem wir die Ideale unseres Volkes bewahrt und weitergegeben haben.

Magnago selbst lebte ungemein bescheiden, verschmähte zwar nicht ein Glas Wein »zu guter Stunde«, so nach den vielen Versammlungen, doch bereits etwas Besonderes für ihn zuzubereiten, war für seine Frau schwierig genug. Fürs Privatleben blieb ohnehin wenig Zeit. Er sagte sogar, er habe weder Zeit noch Gelegenheit, das

Seine Frau – oftmals Blitzableiter für seine schlechte Laune

Geld auszugeben, das er verdiene. Auch in seinem Amt legte Magnago auf Disziplin und manchmal pedantisch wirkende Sparsamkeit Wert. Dass seine Gemahlin in schweren Zeiten oftmals als »Blitzableiter für meine schlechte Laune« herhalten musste, bedauerte er später. Sie habe es mit ihm gewiss nicht immer leicht gehabt. Er wünschte sich deshalb nach seinem Abschied von der Politik noch etwas Zeit für sie, für gemeinsame Stunden, um Versäumtes nachzuholen. Auch reisen wollte er gern, Europa ein wenig besser kennen lernen. Und natürlich, so meinte er, müsse er dann auch noch vieles »ordnen«. Die jahrelange schwere Krankheit seiner Frau hat viele dieser Absichten und Pläne zunichte gemacht.

Magnagos Wünsche nach seinem Abschied von der Politk

Erfolgreiche Politik, davon war Magnago überzeugt, kann nur aus der »Landschaft«, also aus der lebendigen Verbundenheit mit Land und Leuten, aus dem natürlich zu erhaltenden heimatlichen Raum gemacht werden. Aus dieser gesicherten Erkenntnis schöpfte er jene Kräfte, die er nie geschont hat, jene politisch-geistige Identität, die ihm kein noch so schönes Grundsatzprogramm vermitteln oder gar ersetzen konnte. Angst um sein Lebenswerk, die Befürchtung, dass von einem Inhalt nur mehr die Form, von einem Programm nur mehr das Gerüst, von einer Partei nur mehr eine Art Wahlgemeinschaft bleiben könnte, bedrückte ihn nicht. Der Vollblutpolitiker Magnago – und auch dies verband ihn mit seinem bereits am 15. März 1989 verstorbenen Freund Eduard Wallnöfer – hatte in den langen Jahren seines Wirkens die SVP wahrscheinlich mehr geprägt als sie ihn.

Angst um sein Lebenswerk bedrückt ihn nicht

Wie alle Persönlichkeiten in der Politik war auch Magnago von der eigenen Unersetzbarkeit innerlich zutiefst überzeugt. Um seine Nachfolge hatte er sich deshalb lange Zeit kaum Gedanken gemacht. Am ehesten wünschte er sich als Nachfolger einen harten,

Magnago war von seiner Unersetzbarkeit zutiefst überzeugt

gescheiten Realisten, der Idealismus und Machtwillen in sich vereint, der fähig wäre, im Notfall auch einmal mit der Peitsche dreinzuschlagen, um die vielleicht auseinander strebenden Kräfte zu zügeln. Vor allem aber müsste, so meinte er im Gespräch mit dem Autor dieses Buches, sein Nachfolger wenigstens einen Bruchteil jener natürlichen Führungsautorität besitzen, mit der er selbst imstande war, zu integrieren, zu vermitteln.

Längst waren die Zeiten vorbei, als auch Magnago persönlich im Streit der Meinungen stand, jene sorgenvollen Stunden, als sich sein politischer Stern in der Grauzone erbitterter Diskussionen um das »Paket« und einer nicht ungefährlichen Gegenkandidatur für das Amt des Parteiobmannes vorübergehend zu verdunkeln begann. Als diese Zeit der Prüfung erfolgreich durchgestanden war, wuchs er vom Führer des Mehrheitsflügels der Partei wieder in die viel vertrautere Rolle des Obmannes aller. Seitdem wirkte er von neuem unangefochten. Die Landesversammlung der SVP bestätigte ihn regelmäßig mit Prozentzahlen, die an die Wahlen im Ostblock erinnern könnten, wären sie nicht von einem Gremium gekommen, das sein lebendiges Demokratieverständnis und seine tirolerische Streitlust in Kampfzeiten regelmäßig unter Beweis gestellt hatte. Als die SVP bei den Landtagswahlen im November 1978 ihren bisher größten Triumph errang und dieser Sieg bei den Parlaments- und Europawahlen im Juni 1979 noch eindrucksvoll abgerundet wurde, konnte Magnago auf die Krönung eines politischen Lebenswerkes blicken, das kaum seinesgleichen hat. Deshalb schmerzte ihn der durch einen Spaltungsversuch bewirkte Verlust eines Mandates für die SVP bei den Parlamentswahlen vom Juni 1983 ganz besonders.

Im In- und Ausland wurde der SVP-Obmann und Landeshauptmann geradezu als Garant für diese in Europa einmalige Erfolgsserie einer Partei angesehen. Man identifizierte ihn mit der Partei, was für

Magnago als Obmann der Südtiroler Volkspartei unangefochten

seine Mitarbeiter mitunter nicht gerade ermutigend wirkte. Bewunderung und Respekt wurden ihm bereits zu Lebzeiten in reichem Ausmaß gezollt. Vor allem Frauen im In- und Ausland schwärmten ihren »Landesvater« an, was seiner gut verborgenen Eitelkeit stets schmeichelte. Anlässlich der »Südtirol-Woche« in Sankt Johann im Pongau (Salzburg) Mitte November 1982 erhielt er von dort einen Brief, der wie viele andere zum Ausdruck bringt, wie sehr der Politiker, wie sehr der Mensch Magnago die Massen zu faszinieren vermochte: *Ich habe schon viele politische Referate gehört, diesmal wollte ich mir die Rede des Politikers Magnago anhören. Statt dessen erlebte ich den »Menschen« Magnago. Ihre Geradlinigkeit und Ehrlichkeit, vermischt mit Witz, Charme, Geist und Herz (Menschlichkeit), dazu Ihre Körpersprache begeisterten mich. Ich möchte damit ausdrücken, sehr verehrter Herr Doktor Magnago, Sie waren exzellent.*

»Herr Doktor Magnago, Sie waren exzellent!«

Magnagos politisches Lebenswerk hat kaum seinesgleichen

Der »große alte Mann Südtirols ist ein jugendlicher Vulkan«. So hatte ihn Wolfgang Vogel am 16. Jänner 1974 in der »Linzer Zeitung« charakterisiert. Doch auch viel später, im hohen Alter, traf noch immer das auf ihn zu, was Vogel damals so beeindruckt hatte:

Magnago ist ein jugendlicher Vulkan geblieben

Die hochgewachsene hagere Gestalt des sechzigjährigen Magnago wirkt geschunden und gebrechlich. Mühsam bewegt er sich, den linken Fuß durch Krücken ersetzend, über die steilen, engen Stufen zum Podium des Vortragssaales. Auf seinem asketischen Gesicht zuckt ein Nervenleiden. Wenn aber Silvius Magnago, Landeshauptmann von Südtirol, zu sprechen beginnt, explodiert eine eruptive Urgewalt der Dynamik, ein Sprühregen von Leidenschaft und Einfallsreichtum geht nieder. Magnago wirkt, seinem alten Aussehen zum Trotz, jünger als alles Junge, was ihn umgibt.

Ja, so wird man ihn in Erinnerung behalten, nun da ein reich erfülltes langes Leben zu Ende gegangen ist. Ein Leben für Südtirol. Magnago hat seinem Leben Sinn, dem Sinn aber Leben gegeben.

Sechstes Kapitel

Der Mann des Jahrhunderts

Mit Orden und Auszeichnungen hatte Magnago – wie er selbst sagte – »keine besondere Freude«. »Man kriegt sie halt, wenn man bestimmte Positionen innegehabt hat«, meinte er. Doch insgeheim hatte er sicherlich über die mit ihnen verbundene öffentliche Anerkennung einer großen Lebensleistung auch seine Freude. Besonders war dies bei der Verleihung des höchsten Ordens der Republik Österreich, seines »Vaterlandes«, der Fall.

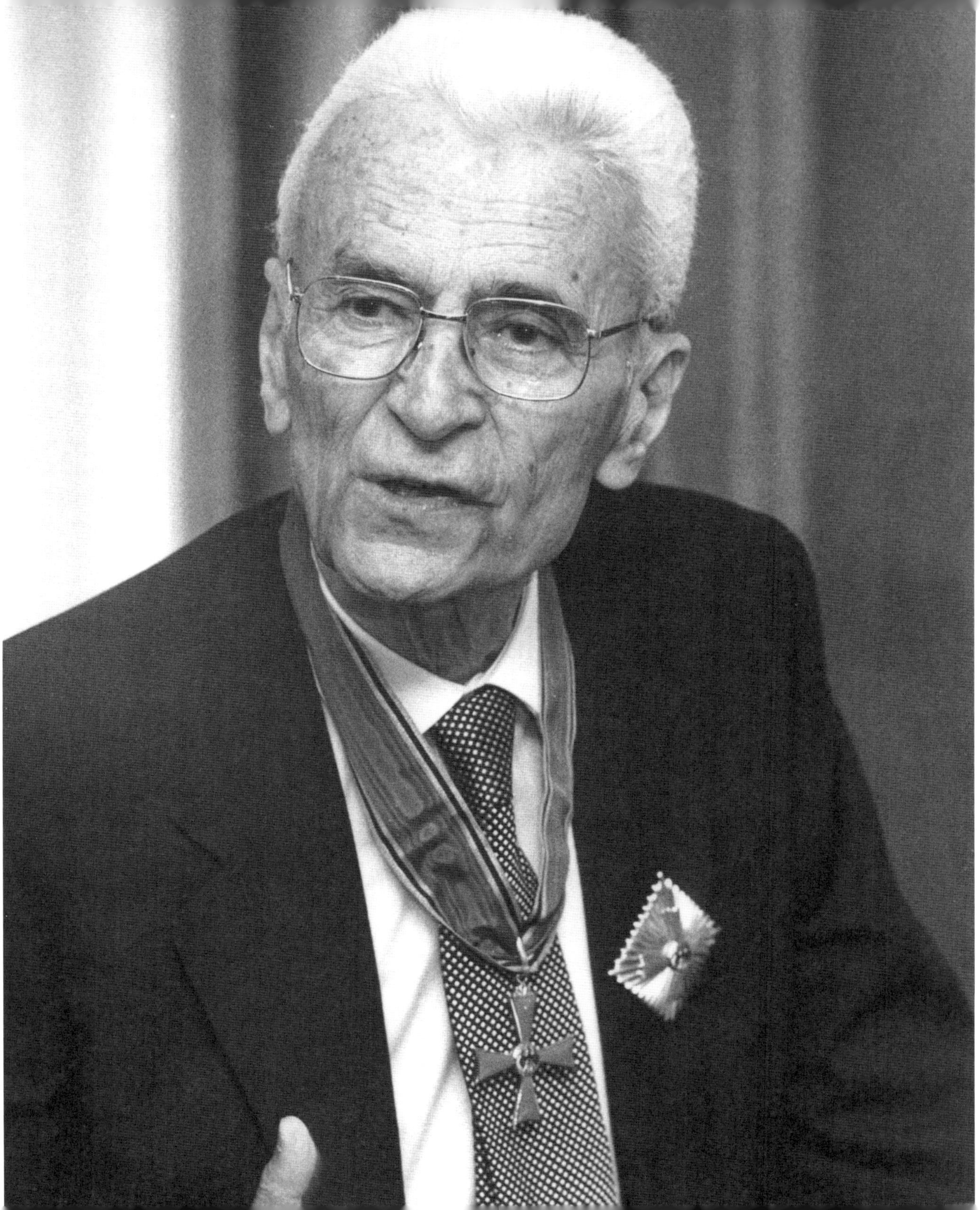

Magnago war ein politischer Prophet, vom heiligen Eifer für die als gerecht erkannte Sache zutiefst erfüllt.

■ Soweit ein Mensch für die Gemeinschaft überhaupt sinnbildhaft sein kann, steht Silvius Magnago als Symbol für Südtirols hart erkämpfte Autonomie. Für das Ringen einer Minderheit nach mehr Eigenständigkeit, nach Bewahrung ihrer sprachlichen und kulturellen Identität. Wie einst Moses hat er an der Felswand – römischer Uneinsichtigkeit – so lange mit dem Stab der Überzeugungskraft gepocht, bis sich die Wand tatsächlich teilte. Italiens Politiker, von Moro bis Andreotti, verstanden bald, dass Magnago auch für Italien ein Glücksfall war. Denn er war berechenbar, forderte nie das Unmögliche, hielt aber am Rahmen des »Unverzichtbaren«, nämlich einer substanziellen Autonomie beharrlich fest. Dass diese keineswegs vollkommen war (und ist), hat ihn nie gestört. »Andere nach mir«, so meinte er, »sollen sich ruhig auch etwas anstrengen.« Und im Übrigen gebe es auf der Welt ohnedies nichts Perfektes. Entscheidend *sei nicht die Autonomie, sondern der Lebenswille eines Volkes*. Allein für diesen Satz, von dessen Sinn er tief überzeugt war, gehört dem »großen Alten« der Südtirolpolitik ein Denkmal gesetzt.

Ein berechenbarer Politiker, der nie das Unmögliche forderte

Silvius Magnago hat Südtirol geprägt wie niemand zuvor. Gewiss, das kleine Land, dem er sich – um es etwas kitschig, aber zutreffend zu sagen – mit jeder Faser seines Herzens verschrieben hat, hätte im übertragenen Sinn auch *ohne ihn* existiert. Aber ohne ihn wäre es ein *völlig anderes* Land geworden. Denn er hat in der Nachkriegsgeschichte des Landes tiefe Furchen gezogen. Vieles, was er gesät hat, wird erst noch aufgehen und Früchte tragen. Denn Magna-

Magnago hat Südtirol nachhaltig geprägt.

go – wer will dies bezweifeln? – war Südtirols »Mann des Jahrhunderts«. Es ist fast banal zu sagen, dass ohne ihn die Geschichte des Landes anders, wahrscheinlich weniger glücklich, verlaufen wäre. Wenn das Land »dankbar« ist, dann wird sein Todestag in der Geschichte Südtirols wahrscheinlich einmal den gleichen Rang einnehmen wie andere »unvergessliche« Tage, an denen man die Zeit festhält. International sind dies der Bau und der Fall der Berliner Mauer, die Kubakrise, der Tag, an dem Präsident Kennedy ermordet wurde, Brandts Kniefall in Warschau, der 11. September 2001 in New York und Washington und andere mehr. Auf Südtirol bezogen: Der Tag der Abtrennung Südtirols, die dunklen Tage des Faschismus, Sigmundskron und die Feuernacht, Südtirol vor der UNO und die großen Konferenzen, der unvergessliche Tag der »Paket«-Entscheidung in Meran und andere mehr.

Magnago stellt für mich die Konzentration fast aller alten Kardinaltugenden dar. Diese gilt es zu rühmen, gerade weil sie in unserer Zeit vielen so »altmodisch« erscheinen mögen. Es sind ja nicht die Tugenden der »Ellbogen-Generation«, sondern jener, die noch gewohnt war, das eigene Ich zugunsten des Gemeinwohls in den Hintergrund zu rücken.

Magnagos Kardinaltugenden

War Magnago ein glücklicher Mensch? Was ist Glück, hätte er auf diese Frage geantwortet. Glück ist etwas Kostbares. Glück ist die Zufriedenheit der Seele, etwas, das wir weder jagen noch bezwingen können. Nein, glücklich im üblichen Sinne war Magnago sicher nicht. Dazu war er zu »dunkel«, zu nachdenklich, zu sehr in seine Gedankenwelt verschlossen. Glück kann man sich weder suchen noch kaufen, pflegte er zu sagen. Und das Glück ist launisch, hat tausend Stufen und Fenster. Magnago blieben sie verschlossen. Er war kein Lebemensch, kein Mensch der besinnlichen Stunden. Ein

War Magnago ein glücklicher Mensch?

gutes Buch, schöne Musik, gutes Essen, gepflegte Unterhaltung und anderes mehr bedeuteten ihm nur wenig. Er hielt es mit Schillers »Wallenstein«-Motto: »In deiner Brust sind deines Glückes Sterne!« Wenn Glück aber auch bedeutet, dass man mit seinem Lebenswerk zufrieden ist, dass man mit Genugtuung auf eine Leistung zurückblickt – dann war Magnago ein glücklicher Mensch. Fast täglich, so sagte er mir einmal, danke er Gott und seinem »Schicksal«, dass es ihm vergönnt gewesen war, so lange und so erfolgreich für Südtirol zu wirken.

»Er hat im Leben viel Glück gehabt und ist doch niemals glücklich gewesen«, lautet die selbst verfasste Inschrift auf dem Grab von Franz von Dingelstedt (1814–1881). Claus Jacobi hat sich mit diesem Thema mit großem Einfühlungsvermögen auseinander gesetzt und hat es dennoch nicht ganz auflösen können. Es ist wahr: Magnago hat im Leben trotz harter Schicksalsschläge auch viel Glück gehabt. Denn er war immer zur richtigen Zeit an der richtigen Stelle. Er hat in einem Land zu wirken begonnen, als es noch darniederlag, als Kanonikus Gamper, auch einer der ganz Großen, das Wort vom »Todesmarsch der Südtiroler« prägte. Nein, das Land und seine Menschen waren damals nicht glücklich, sondern zutiefst pessimistisch. Südtirol schien keine Zukunft zu haben.

Immer zur richtigen Zeit an der richtigen Stelle

Magnago hat mit seinen Parteikollegen Alfons Benedikter, Peter Brugger, Roland Riz und vielen anderen Stück um Stück die Zonen des Unglücks, die dem Land zu drohen schienen, beseitigt oder zumindest verkleinert. Er hat Südtirol seine Zuversicht zurückgegeben, seine Selbstachtung, vor allem aber sein Selbstvertrauen. Mit Magnago hat Südtirol Glück gehabt. Denn er war ein politischer Prophet, vom heiligen Eifer für die als gerecht erkannte Sache zutiefst erfüllt. Hätte sich Südtirol an der amerikanischen Verfassung orientiert, in der das Streben des Einzelnen nach Glück als eine Art

»Grundrecht« verankert ist, dann wäre das Land verloren gewesen. Denn Glück ist zerbrechlich, flüchtig, vergänglich. Magnago war vom Gegenteil überzeugt. Nicht Glück brauche man, sagte er einmal in einer seiner zahllosen Reden, sondern Leistung, Hartnäckigkeit, den richtigen Weg. Alles, was Bestand habe, müsse man sich erkämpfen. Einer Minderheit werde nichts geschenkt, schon gar nicht von einem »fremden« Nationalstaat.

Magnago – ein »Herr und Meister«

Ich bin oft nach Magnagos »herausstechendsten« Eigenschaften gefragt worden. Ich habe immer, ohne zu zögern, vor allem drei genannt: Pflichterfüllung, Grundsatztreue und Verantwortungsbewusstsein. Magnago war aber auch »ein Meister und Herr«. Ein Meister, weil er Strategie und Taktik, die Winkelzüge und die Finessen des politischen Handwerks kannte und beherrschte wie kein anderer. Ein Herr, weil er politisch wie privat Prinzipien nie aufgab, nie auf dem Altar billiger Kompromisse opferte. Er war nicht immer tolerant, aber dafür zutiefst bescheiden. Auch wenn er vielen, die ihm begegneten, und auch jenen, die ihn zu kennen glaubten, kühl und unnahbar zu sein schien, es gab Momente, wo er nicht nur aufgeschlossen, sondern auch herzlich sein konnte.

Magnago – ein Meister der Strategie und Taktik

Nur die wenigsten wussten, dass er sich den »Luxus« von Freundschaften, von tieferen menschlichen Bindungen nicht leisten wollte, weil er meinte, sie würden ihn von seinem Ziel ablenken. Schon in seiner Kindheit hatte er sich nach außen hin einen inneren Schutzpanzer zugelegt, der ihn vor Enttäuschungen bewahren sollte. Nur keine Emotionen zeigen! So lautete Magnagos Devise. »Man kann und soll gut sein, aber man muss es nicht zeigen«, sagte er mir einmal, als ich ihn direkt auf seine vermeintliche Gefühlskälte ansprach.

Magnago war ein Südtiroler »Preuße«, ein Mann der eisernen Selbstdisziplin, der Schwäche an sich und bei anderen verabscheute. Was er tat, tat er immer hundertprozentig, nachprüfbar für alle. Wer frei ist, hat Pflichten, sagte er.

Aufgeblasene Eitelkeit, Prahlsucht und Egoismus waren ihm verhasst. Niemand sei, so meinte er, der Mittelpunkt der Welt, und wer etwas leiste, brauche damit nicht »anzugeben«. Der liebe Gott, den er so gern als eine Art Kronzeuge zitierte, hatte Magnago als *politischen Missionar in die Welt gesetzt* und ihn mit allem ausgestattet, was seine Ämter verlangten: mit einem unerschrockenen Glauben, einer starken Stimme, einem unermüdlichen Eifer, mit Prinzipien- und Standfestigkeit, mit Ehrgeiz und zäher Hartnäckigkeit. Nur eines hatte er ihm nicht mitgegeben: eine robuste Gesundheit. Magnago kämpfte ständig gegen die Schwäche seines Körpers, aß wenig und dann nur Speisen, die sich mit seinen vielen Tabletten vertrugen. Ohne diese Selbstdisziplin, ohne diesen eisernen Willen wäre er nie so alt geworden.

Selbstdisziplin statt Wankelmut

All diese Eigenschaften waren auch der Schlüssel zu seinen politischen Erfolgen. Dabei kam ihm aber auch jenes ebenso seltene wie kostbare Fingerspitzengefühl zugute, von dem andere Politiker oft reden, weil sie meinen, sie hätten es mit den Fingern an ihrer Hand schon automatisch geerbt. Augenmaß und ein hartnäckiger Gerechtigkeitssinn, die fast schon »missionarisch« anmutende Überzeugung, vom Schicksal bestimmt zu sein, für sein Land zu wirken – all dies waren Eigenschaften, die ihn in den schwierigen Verhandlungsjahren in Rom befähigten, als Sprecher des ganzen Südtiroler Volkes aufzutreten. Magnago sprach gern und viel. Er war ein feuriger Redner. Wenn er provoziert wurde, konnte er wie die alten Propheten mit Blitzen schleudern, donnern und grollen. Er war aber

Die Überzeugung, vom Schicksal bestimmt zu sein, für sein Land zu wirken

auch ein guter, geduldiger Zuhörer, der ganz auf seine Gesprächspartner einging. Und noch etwas zeichnete ihn in diesem Zusammenhang aus. Er besaß die seltene Fähigkeit, mit seiner eigenen Meinung so lange hinter dem Berg zu halten, bis sich andere geäußert, ihren Standpunkt zu einem Problem dargelegt hatten. Dadurch konnte er andere zum Reden bringen, ohne von sich selbst etwas preiszugeben. Es war kein Zufall, dass er als Obmann der SVP stets und manchmal zornig auf seinem »Recht auf Replik«, auf »dem letzten Wort«, beharrte.

Magnago gehörte noch einer Generation an, in der es Lager und Fronten gab. Er hat mit seiner Politik der Ecken und Kanten Südtirol als politische Landschaft geformt, eine Landkarte gezeichnet, in der er die Linien nicht nur zeichnete, sondern definierte. Auch wenn in der Zwischenzeit »farblich« manches verblasst erscheint: Die Konturen sind geblieben.

Bei einer der letzten Begegnungen, die mir in Erinnerung geblieben sind, sprach er von der »Last des Alters«. Man dürfe sich jedoch niemals aufgeben, niemals Schwäche zeigen, so lange wie möglich »nie von anderen abhängig werden«. Hat ihn je jemand klagen hören? Er wirkte selten ruhig, sondern auch dann noch nervös und gehetzt, als er die Bürden seiner Ämter längst freiwillig in andere Hände gelegt hatte. Selbst im hohen Alter stellte er sich »seiner« Partei, die er auch zu einem Machtinstrument geformt hatte, »selbstverständlich« für jede Aufgabe zur Verfügung. Als Ehrenobmann schlug er noch Wahlkämpfe, mit denen er unter anderem die Menschen im Trentino begeisterte, und als »Protestkandidat« bei Parlamentswahlen erreichte er persönliche Rekordergebnisse, auf die er geradezu kindlich stolz war. »Habt's gsehn, dass i no net zum alten Eisen g'hör«, sagte er damals. Als die Regierung Berlusconi mit dem »postfaschistischen« Fini und dem »Padanien«-Gründer Bossi das zweite

Magnago stellte sich der SVP für jede Aufgabe zur Verfügung

Mal bei Parlamentswahlen eine Mehrheit bekam, grollte er tagelang. »In Italien hat diesmal das Geld (Berlusconis) gewonnen. Wenn das Geld entscheidet und nicht mehr die Güte der Politik, dann ist dies das Ende der Demokratie.« So schlimm ist es, Gott sei Dank, dann doch nicht gekommen.

Doch auch in Südtirol waren ihm »Machtzentren« ein Gräuel. Er, der über mehrere Jahrzehnte anscheinend alle Macht in seinen Händen hielt, nützte dies nie gegen andere aus. Magnago war ein überzeugter Demokrat. Seine Landesräte waren (fast) gleichberechtigt, in ihre Angelegenheiten pflegte er sich »niemals« einzumischen. Wozu brauche es sie sonst, fragte er später, als sich dies gründlich geändert hatte, mit einem polemischen Unterton. Obwohl er sich sonst mit Urteilen (auch mit Lob) über seine Nachfolger »konsequent« zurückhielt, rügte er auf einer der letzten Landesversammlungen der SVP in Meran jede 1-Mann-Demokratie«.

Machtzentren und der »volkstumspolitische Code«

Aber nicht nur dies, sondern auch andere Faktoren bereiteten ihm Sorgen. Mit Kummer verfolgte er eine Entwicklung, die bei allen Erfolgen doch nicht verhindern konnte, dass sich langsam, aber sicher volkstumspolitisch der »ethische Code« zu verändern schien. Dass Werte, die er als »unantastbar« bezeichnete, ausgehöhlt und zerfasert wurden. Dass statt der »Politik der guten Zusammenarbeit« mit den Italienern im Lande eine »Politik der (gefährlich erscheinenden) Umarmung« zu folgen schien. Seine »Politik der Bescheidenheit« wurde immer häufiger – wie er kritisch anmerkte – durch eine »Politik des Größenwahns« ersetzt. Dabei meinte Magnago – wie er in einem seiner letzten Gespräche ausdrücklich betonte – nicht so sehr »meinen Amtsnachfolger«, der sehr volksverbunden, tüchtig und »g'scheit« sei, sondern einige seiner »Denkmäler«. Ei-

Unantastbare Werte stets hochgehalten

nem kleinen Land stehe es nicht gut an, meinte er, »groß und protzerisch« zu tun. Auch wenn man »jetzt viel Geld hat«, solle man trotzdem sparen. Denn es könnten, so meinte er, nach »sieben fetten« auch »sieben magere« Jahre kommen. Und darüber hinaus sei »Großtun keine Tugend«.

Aufruf zum Sparen: Nach den fetten Jahren könnten auch magere Jahre kommen

Doch auch Landeshauptmann Luis Durnwalder hatte dies inzwischen erkannt. Er versuchte, das Ruder herumzuwerfen und eine unheilvolle Entwicklung aufzuhalten. Mitte Mai 2003 kündigte er beispielsweise an, die »Standards für öffentliche Bauten zusammenzustreichen. »Wir tun oft zu groß. Viele Bauten sind zu schön und zu groß«, übte er Kritik an den Gemeinden, wohl aber auch an die Adresse der von ihm geführten Landesverwaltung.

Das viele Geld, so meinte Magnago in einem Interview mit den »Dolomiten« vom 22. November 2001, habe dem Land »nicht nur gut getan«. Man müsse »aufpassen«, dass die Südtiroler nicht von der Krankheit der »moralischen Verfettung« befallen und verdorben würden. Diese

Angst vor der »moralischen Verfettung«

Warnung mit diesem seinem Lieblingsausdruck hat er fast ein halbes Jahrhundert lang immer wieder, am Lebensende jedoch besonders eindringlich ausgesprochen. Sah Magnago sein Lebenswerk in Gefahr?

Ganz von der Hand zu weisen ist seine Warnung nicht. In den letzten Gesprächen kam er immer wieder auf dieses Thema zu sprechen. Südtirol sei ein schönes, ja in vieler Hinsicht ein einzigartiges Land. Aber es laufe Gefahr, *zuerst sein Gesicht, dann seinen Charakter und schließlich die Seele zu verlieren.* Diese Sorge hat ihn mit zunehmendem Alter gequält. Je älter man werde, so sagte er, umso weniger Zeit habe man. Da müsse man sich schon auf das Wesentliche konzentrieren, die Alltagsprobleme nicht mehr so wichtig nehmen.

Mit »Gesicht verlieren« meinte er vor allem die drohende Zersiedelung des Landes. All das, »wofür der Alfons (Benedikter) als zuständiger Landesrat jahrzehntelang gekämpft hat«, drohe jetzt »gering geschätzt und aufgegeben« zu werden. Der »Alfons hat oft auch übertrieben, war manchmal zu streng«, aber »in der Substanz hatte er Recht«. Es gebe nur *ein* Land, *eine* Heimat. Grund und Boden seien nicht vermehrbar. In den letzten Jahrzehnten sei Südtirol von der »ägyptischen Plage der wilden Bauwut« befallen worden. Die Landschaft werde zersiedelt und zubetoniert. Aus früher so schönen »charakteristischen« Dörfern, etwa im Eisacktal, seien »Fremdenverkehrshochburgen« geworden. Man baue nicht nur »viel zu viel, sondern manchmal auch noch furchtbar kitschig«. Der Fremdenverkehr sei »schon recht«, er bringe sicherlich auch viel Wohlstand, meinte Magnago, aber man dürfe ihm »nicht alles opfern«.

Magnago warnte vor der Zersiedelung des Landes, Grund und Boden seien nicht vermehrbar

Wie verliert man seinen Charakter? Magnago hatte auch diesbezüglich eine klare Meinung: durch Anpassung an »modische Trends«, durch die »Aufgabe von Prinzipien«. Mit großer Sorge verfolgte der »Vater des Pakets« die immer stärker werdenden Aufweichungserscheinungen auf dem Gebiet der Schule. Man solle, so meinte er, sich dem Druck der Italiener »stärker und härter widersetzen«. Die »getrennten Schulen«, auf denen man beharren müsse, hätten nichts »mit Festung und Mauern« zu tun. Das zu behaupten, sei Schwachsinn, billige politische Propaganda. Er sei stets für den kulturellen Austausch eingetreten, dieser dürfe jedoch nicht als Deckmantel für die von manchen Kräften angestrebte sprachliche und kulturelle Assimilierung dienen. Nur »wer in seiner eigenen Kultur stark« sei, könne, davon war er überzeugt, »geben und nehmen«. »Wenn sich in Südtirol langsam alles so vermischt, dass keine klare Situation mehr da ist«, wäre sein Lebenswerk »umsonst« gewesen. Überlegungen der

Italiener in die SVP?

SVP-Führung, die Partei auch für italienische Mitglieder zu »öffnen«, stießen deshalb auf seinen hartnäckigen Widerstand. Zusammen mit Franz Pahl und anderen mobilisierte er die Basis, die im Jahre 2001 auf Pläne dieser Art ausgesprochen empört reagierte. Magnago hatte in dieser Streitfrage wie immer eine klare Meinung:

Italiener als Parteimitglieder aufzunehmen, wäre der Tod der Partei. Im Statut steht, dass wir die Partei der deutschen und ladinischen Minderheit sind, und unser Ziel ist der Erhalt der Mehrheit in der Heimat. Ich möchte nicht, dass die vielen Opfer, die ich für Südtirol gebracht habe, umsonst waren ...« (»Dolomiten«, 23. November 2001).

Diese Sorge hat ihn stets gequält. Sie wurde beinahe zur Besessenheit, als er sehen musste, wie manche unantastbar geltende Prinzipien einer Minderheit dem Götzen Wohlstand geopfert wurden. Auf die Frage von Barbara Varesco »Wann könnten diese Opfer umsonst gewesen sein?« antwortete er bekümmert:

Wenn die Leute sagen, wir pfeifen auf die Sprache und ersetzen sie immer mehr mit Fremdwörtern, oder wenn sie nur mehr auf den Dialekt setzen. Ich bin stolz auf meinen Dialekt, aber ohne Hochsprache kommt eine Minderheit nicht weiter. Umsonst wäre mein Lebenswerk, wenn sich alles langsam so vermixt, dass keine klare Situation mehr ist, und wenn man, um Geld zu machen, keine Hemmungen mehr hat ... Ich meine (dies in dem Sinn), wenn etwa eine deutsche Firma nur mehr italienische Propaganda macht, weil sie dort mehr Kunden wittert. Oder dass Ortsnamen in der Propaganda italienisch geführt werden, weil man so besser Touristen anspricht. Der Wohlstand darf nicht zu solchen Episoden führen. Das viele Geld ist schön, aber es hat nicht immer nur gut getan. Großtun ist keine Tugend. Passt mir auf – so Magnagos zeitlose Mahnung *–, dass wir die Leute moralisch nicht durch Verfettung verderben.*

Magnagos Widerstand, die Partei auch für Italiener zu öffnen

Für Magnago war die Südtirolautonomie sein Lebenswerk, an dem man nicht rütteln durfte. So ausbaufähig er sie auch sah – der Begriff »dynamische Autonomie«, der ihm so gut gefiel, wurde bereits in den späten siebziger Jahren von der SVP-Jugend geprägt – sosehr er auch »Verbesserungen« mittrug, die später erreicht wurden, sosehr misstraute er Plänen, die den heute bereits eng gewordenen Tellerrand der Autonomie überschritten.

Die Autonomie als Endpunkt Vieles sah er sogar aus einer verengten Perspektive als »gefährliche Abenteuer« an. So zeigt sein Lebenswerk, mit dem er dem Land und seiner Partei Orientierung für die Zukunft zu geben versuchte, ein Ziel setzte, *auch seine Grenzen auf.* Die Autonomie war für Magnago *stets* Endpunkt, *nicht* Ausgangspunkt für weiter reichende Überlegungen. Visionen waren nie seine Stärke. Utopien, ohne welche die Politik langfristig zu verkümmern droht, lehnte er mit nur mühsam verborgenem Widerwillen ab.

Solange das Ziel aller politischen Bemühungen das Ringen um mehr Autonomie war und ganz Südtirol hinter diesem Konzept stand, glückte es ihm, der »große Führer«, der »Wegweiser« zu sein. Wie einst Moses hat er sein Volk in das (scheinbar) Gelobte Land der größeren Eigenverantwortung, der De-facto-Selbstständigkeit in wichtigen Bereichen geführt. Den noch mühsameren Marsch durch das Rote Meer zu echter Eigenständigkeit hat er jedoch auch dann – sogar theoretisch – noch gescheut, als sich die Welt, als sich vor allem Europa zum Erstaunen aller von einem Tag auf den anderen total veränderte. Plötzlich wurden Grenzen auch friedlich revidiert (Tschechien–Slowakei), Großmächte und Ideologien (UdSSR und Kommunismus) fielen in sich zusammen, Mauern, die für die Ewigkeit gebaut schienen, stürzten durch friedliche Volksproteste auch ohne Posaunen von Jericho ein. Und Italien wurde – nicht nur durch

Magnago gab dem Land Orientierung für die Zukunft

eine teilweise auch politisch ausgerichtete Justiz – vom tiefsten politischen Strukturwandel seiner Geschichte kräftig durchgeschüttelt.

Seine Partei, die ihm alles verdankt, auch wenn sie sich nicht immer dankbar erwies, war für Magnago stets eine Art politische Ersatzkirche, in der die »einzig richtige Politik« als Glaubenswahrheit von oben verkündet wurde. Diese dogmatisch-pragmatische Politik, fast immer frei von Zweifeln und Selbstkritik, war so lange richtig, solange sich Südtirol im Würgegriff staatlicher Zentralgewalt und nationalistischer Engstirnigkeit befand. Sie wirkte später, als diese Fesseln gesprengt worden waren, manchmal fragwürdig, weil die »Einigkeits«-Beschwörungen immer mehr zum Ritual verkamen. Magnago, der große Realpolitiker mit einem feinen politischen Instinkt und einem Gespür für das Machbare, hat Partei und Land insgeheim stets miteinander gleichgesetzt. Unter seiner klugen, bescheidenen Amtsführung, ohne Staralllüren und Machtausbau-Hunger, ist dies beiden gewiss nicht schlecht bekommen. Der Begriff Sammelpartei war unter Magnago mehr als nur ein Schlagwort zur Machterhaltung. Heute droht sie durch Demokratie-Defizite weitgehend zum bloßen Rahmen ohne Inhalt zu verkommen. Kritiker sehen die »Sammelpartei«, in der jede Streitkultur, jedes Ringen um die beste jeweilige Lösung (von Ausnahmen abgesehen) verschwunden zu sein scheint, immer mehr bereits zur Stände- und Interessenspartei, ja zur reinen Machtpartei degradiert. Die SVP scheint manchmal – wie Landeshauptmann Durnwalder im November 2003 nach einem wochenlangen Gefeilsche um Posten und Ämter erzürnt feststellte, zur »Partei der Egoisten« verkommen zu sein.

Magnago hat die einzigartige Machtstellung als Landeshauptmann und Parteiobmann über Jahrzehnte meist nur sehr diskret

Die Partei als Ersatzkirche

Der große Realpolitiker ohne Staralllüren und Machthunger

ausgeübt. Macht war für ihn nie Selbstzweck. Seine Landesräte waren, wie schon gesagt, absolut »autonom«. In ihren Zuständigkeitsbereich mischte er sich nicht ein. Er machte niemand von sich abhängig. Später sah er, bestürzt und verwundert, dass sich auch diesbezüglich die Zeiten offenbar radikal verändert hatten. Zu seinem Nachfolger Luis Durnwalder hatte er deshalb ein eher zwiespältiges Verhältnis. Einerseits bewunderte er dessen pragmatische Tatkraft und die zupackende Art, Probleme zu lösen. Andererseits gefiel ihm Durnwalders eher autoritärer Führungsstil nicht sonderlich. In Wahrheit fürchtete Magnago heimlich, sein Lebenswerk könnte vom Schatten seines ebenso volksnahen wie beliebten Nachfolgs verdeckt werden. Eine Portion menschlicher Eifersucht und verletzter Eitelkeit spielten dabei sicherlich eine nicht zu unterschätzende Rolle. Magnago war und blieb ein Politiker aus Leidenschaft, den Anerkennung und Weihrauch freuten, aber nie süchtig machten. Eine starke Opposition *in* der Partei kontrollierte seine Macht, ließ sie nie zur Allmacht werden. Magnago hat die demokratischen Spielregeln der Machtkontrolle stets, wenngleich manchmal wahrscheinlich auch widerwillig, akzeptiert.

Magnago akzeptierte die demokratischen Spielregeln der Machtkontrolle

Mit der *internen* Opposition hat sich Magnago deshalb nur selten schwer getan, auch wenn er deren Kritik oftmals als ungerecht, den Versuch, seine Macht zu beschränken, als nicht gerechtfertigt sah. Dreißig Jahre nach der »historischen« Entscheidung, das »Paket« mit knapper Mehrheit anzunehmen, erinnerte sich Magnago mit Stolz, aber auch mit einer gewissen Wehmut, an die vierzehn Stunden dauernde »Paket«-Schlacht vom 22. November 1969 in Meran. In einem Interview mit den »Dolomiten« zog er in der Ausgabe vom 20./21. November 1999 nochmals Bilanz. Magnago hatte das Alter weiser und

Für die »Paket«-Neinstimmen dankbar

nicht, wie es meistens der Fall ist, starrköpfiger gemacht. Ja, gestand er, er sei durch die nur 52,9 Prozent damals in seiner »politischen Eitelkeit verletzt« worden. Aber nicht erst heute sei er »für die vielen Neinstimmen« dankbar. Denn diese hätten Rom gezeigt, »wie schwer wir uns getan haben, dieses ›Paket‹ anzunehmen«. Und die Regierung habe auch verstanden, dass »man daran keinen Beistrich wegnehmen, sondern höchstens einen dazugeben« dürfe. Das sei denn auch geschehen. Es sei manches noch »dazugekommen«. Doch *alles, was unsere Parlamentarier jetzt erreichen, hat seine Grundlagen im Autonomiestatut, nur sagen sie das nie laut. Ich gönne ihnen* (aber) *die Erfolgsmeldungen aus Rom ja, weil ich so und so der Vater der Autonomie bin ...*

Kein Beistrich darf vom »Paket« weggenommen werden

Drei Ereignisse haben sein Leben entscheidend geprägt: Seine Kriegsverwundung und der »unbändige Wille«, zu (über)leben, sowie die schicksalhaften Tage von Sigmundskron und von Meran. Sigmundskron war die Geburtsstunde des Jahrhundert-Politikers unseres Landes, Meran seine Krönung:

Drei Ereignisse prägen Magnagos Leben entscheidend

Ich habe den ganzen Tag nichts gegessen und bis zuletzt gekämpft. Es war körperlich und nervlich eine große Anstrengung, aber die Mageren sind die Zäheren als die Dicken ... Ich habe in diesem Boxkampf, der hin und her ging, zwar sieben Runden verloren, aber acht gewonnen ...

Auf dem inzwischen berühmt gewordenen Foto vom Handschlag, mit dem sein wichtigster Gegenspieler, der Führer der »Neinsager«, Senator Peter Brugger, seine Bereitschaft bekundete, nach der »Schlacht« das bisher Trennende zu vergessen und das Gemeinsame in den Vordergrund zu stellen, steht einem strahlend lächelnden Brugger ein ernster, distanzierter Magnago gegenüber. Ja, erzählt er später, dieser Händedruck war wichtig. *Den tiefen Blick in die Augen, von dem der Brugger immer erzählt hat, habe ich aber nicht bemerkt,* dies sei eine Legende:

Nach beendeter »Paket«-Schlacht historischer Händedruck mit Senator Peter Brugger

Mir ist der Brugger auch nicht sehr traurig vorgekommen. Er hätte bei einem Sieg der Neinsager eine gespaltene Partei übernehmen müssen, denn ich wäre sofort zurückgetreten. Auch in Rom hätte Brugger von vorn anfangen müssen …

Seine Nachfolger aber mahnte er bei dieser Gelegenheit, nicht selbstgefällig oder gar selbstgerecht zu werden, sondern zurückzuschauen. Der große Alte meinte, eine Lektüre des Autonomiestatuts sei manchmal recht heilsam, *weil sie wissen müssen, dass alles, was wir heute haben, und das Geld, das sie verteilen können, seine Prämissen im »Paket« hat …*

Der juridische Kopf der Paketgegner, Alfons Benedikter, Südtirols überragender Fachmann in allen Autonomiefragen, zog, ebenfalls dreißig Jahre später und ebenfalls in den »Dolomiten«, eine wesentlich weniger positive Bilanz. Er habe in der Neunerkommission, »die das Autonomiestatut im Sinne des Pakets ausgearbeitet habe, sein Bestes gegeben«. Die SVP habe einen großen Fehler begangen, im Mai 1992 unter dem Kurzzeit-Obmann Roland Riz die Streitbeilegung zu erklären, denn »das, was damit erreicht wurde, ist das Gegenteil einer (internationalen) Verankerung«. Dem Gegenargument, Südtirols Autonomie gelte dennoch als »Modell« und die »Südtiroler selbst scheinen damit zufrieden zu sein«, entgegnet er mit harten Worten, aus denen Verbitterung und Enttäuschung zugleich spricht: *Ich glaube, das hat auch viel mit Geld zu tun. Die Südtiroler sind zufrieden, weil wir einen so großen Landeshaushalt haben. Wenn Napoleon gewusst hätte, dass die Südtiroler für Geld zu haben sind, dann hätte er nur etwas zahlen müssen. Vielleicht hätte es dann auch keinen Andreas Hofer gegeben … Der Durnwalder hat den Südtirolern aus der Seele gesprochen, als er zu mir sagte: »Benedikter, hör' auf zu meckern, Hauptsache das Geld stimmt …«*

Alfons Benedikter urteilt anders

Im Gegensatz zur parteiinternen Opposition hat sich Magnago mit der echten immer schwer getan. Außerhalb der Sammelpartei dürfe es, so meinte er, im Prinzip keine Opposition geben. Zu den kleinen deutschsprachigen Parteien, die im Laufe der Jahrzehnte mit meist geringem Erfolg vom Tisch der inzwischen fast »allmächtigen« Machtpartei SVP zu naschen pflegten, hatte er deswegen ein stark gestörtes Verhältnis. Während er seinen Gegnern in der Partei seine Achtung nie versagte, hat er jene außerhalb der SVP oftmals geradezu dämonisiert. Hier war er starr und stur und deshalb berechenbar. Alexander Langer, Egmont Jenny, Eva Klotz und viele andere haben dies am eigenen Leib zu spüren bekommen. Eine Opposition, die aus seinem – in diesem Fall sehr verengten Blickfeld – die Einheit und Einigkeit der Südtiroler zu gefährden schien, sollte wie Unkraut in seinem wohlgeordneten Garten seines Sommerhauses oberhalb von Feldthurns »beseitigt« werden. Hier zeigte sich die provinzielle Enge eines Mannes, der sonst wie kein anderer schlichten, versöhnen und ausgleichen konnte. Der den »vernünftigen« Kompromiss nie ablehnte, sondern ihn immer suchte. Vor allem mit diesem Talent, das auf Maß und Mäßigung, auf Toleranz und demokratisches Bewusstsein zurückzuführen ist, hat Magnago in einem schwierigen Land, in einer schwierigen Zeit, mit einem noch schwierigeren Staat, Volkstums- und Minderheiten-Politik von europäischem Rang gestaltet.

Als am 30. Mai 1992 die Südtiroler Volkspartei auf einer außerordentlichen Landesversammlung in Meran mit großer Mehrheit (fast 83 Prozent) der so genannten »Streitbeilegung« zustimmte und damit gleichzeitig den »Paket«-Abschluss genehmigte, war Magnagos Lebenswerk vollendet. Zwölf Tage später übergab der damalige österreichische Außenminister Alois Mock dem italienischen Bot-

Magnago hat sich mit Opposition schwer getan

Magnago gestaltete Volkstums- und Minderheiten-Politik von europäischem Rang

Magnagos provinzielle Enge

Lebenswerk »Paket«

schafter in Wien, Alessandro Quaroni, die Note, mit der Österreich die Erfüllung des Südtirol-»Pakets« durch Italien auch formell anerkannte. Damit war nach 32 Jahren dauernden Ringens der 1960 von Österreich vor die UNO gebrachte Streit zwischen Wien und Rom beigelegt. Der lange Kampf um mehr Eigenständigkeit des kleinen Berglandes im Herzen Europas war erfolgreich ausgetragen worden. Magnagos Beharrlichkeit, seine Zähigkeit, sein taktisches Geschick, vor allem aber seine Überzeugungskraft, die besseren Argumente zu besitzen, hatten gesiegt.

Hatten sie das wirklich? Magnago und vielen anderen ist in den Jahren danach immer mehr bewusst geworden, dass damit noch längst nicht alle Probleme wirklich gelöst waren. Wichtige Zuständigkeiten, die das zweite Autonomiestatut abrunden müssten, fehlen noch, wenn auch inzwischen manches über das »Paket« hinaus erreicht werden konnte. Den Begriff *echte* Landesautonomie erfüllt das gegenwärtige Autonomiestatut, so robust es auch erscheinen mag, noch längst nicht. Die inzwischen italienweit erfolgte Stärkung der Zuständigkeit der Regionen, auch jener mit Normalstatut, hat Südtirol in diesem Punkt bisher eher enttäuscht.

Durch den »Paket«-Abschluss sind aber nicht alle Probleme gelöst

Enttäuscht war Magnago auch von der wenig positiven Haltung der Mehrheit der Italiener in Südtirol zur Autonomie. Deren Vorteile wurden zwar genützt, die Lösung jedoch weder verinnerlicht noch angenommen. Magnago ist Zeit seines Lebens stets für ein »vernünftiges« Zusammenleben und Zusammenwirken aller drei Sprachgruppen im Lande eingetreten. Dies müsse aber, so betone er immer wieder, unter »klaren Vorzeichen« erfolgen. Die Identität der deutschen und ladinischen Südtiroler dürfe darunter nicht leiden, »nicht verwässert« werden. Bis zu seinem Tod blieb Magnago diesbezüglich sich selber treu, auch wenn es ihn schmerzte, dass er

Die Haltung zu den Italienern

ein immer einsamerer Rufer in der Wüste zu werden schien. »Es ist gut, sinnvoll und vernünftig«, so sagte er mir bei einem der letzten Gespräche, »wenn wir uns bei aller guten Zusammenarbeit klar unterscheiden«. Sonst »besteht die Gefahr, dass wir eines Tages, ohne dass wir es selber merken, deutschsprachige Italiener werden«.

Welchen Sinn, so fragte er, hätte dann der eine ganze Generation während Kampf um die Autonomie gehabt? Ja, die wirtschaftlich-finanziellen Vorteile würden bleiben, »doch wir hätten unsere Seele verloren«. Wie wolle man in Zukunft dann glaubwürdig für mehr Autonomie eintreten? Die »Identifizierung mit einem fremden Staat« sah der langjährige Obmann der SVP mit überzeugender politischer Weitsicht als »die mit Abstand größte Gefahr« voraus. »Wir sind loyale Staatsbürger, mehr nicht«, pflegte er zu sagen. Wenn er die Wahl hätte, würde er auch heute noch »mit vier Händen für mein Vaterland Österreich optieren«. Dann wäre das Trauma der gewaltsamen Trennung Tirols in einem geeinten Europa für immer überwunden, die »zu Unrecht« auseinander gerissenen Landesteile wären wieder vereint. Doch man müsse realistisch bleiben, mit dem Erreichten zufrieden sein.

Gewaltsame Trennung vom Vaterland Österreich immer noch ein Trauma

Dies bedeute aber nicht, so predigte Magnago, dass man den Staat lieben müsse. Die Politik der Zusammenarbeit dürfe nicht zur »tödlichen Umarmung« führen. Eine Minderheit könne ohne Abgrenzung nicht leben und gedeihen. Das Beispiel des Elsass, nicht weniger jenes von Aosta, lehre und beweise dies. Auch deshalb müssten die Bindungen zu Österreich, dem »alten Vaterland«, stets aufrecht und lebendig bleiben.

Bisher scheint Magnago mit seiner Skepsis eher Recht behalten zu haben. In Bozen triumphierte bei allen Wahlen seit 1992 die italienische Rechte, die »Alleanza Nazionale«, die Nachfolgepartei der Neofaschisten. Als am 6. Oktober 2002 in einem von dieser Partei

Der Denkmal-Krieg in Bozen

angestrengten Referendum darüber abgestimmt wurde, ob die inzwischen erfolgte Umbenennung des »Siegesplatzes« in »Friedensplatz« beibehalten oder – im Sinne der italienischen Nationalisten – wieder abgeschafft werden sollte, erlitt die »Koalition der Vernunft und der Mäßigung« eine bittere Niederlage. Fast 62 Prozent aller Wähler stimmten in Bozen für die Rückbenennung in »Siegesplatz«. Im Klartext bedeutete dies, dass sich nur ein kleiner Teil der Italiener den Schalmeientönen der Nationalisten entzogen hatte. Die Devise »siamo in Italia« hatte wieder einmal einen großen Teil der Italiener in Bozen geeint und Frieden stiftende, europäische Werte achtlos auf den Schutthaufen geworfen. Die Bezeichnung »Siegesplatz« hatte Magnago stets »als protziges Erbe der faschistischen Ära« empfunden. »Wer den Krieg erlebt hat, wie ich, der hat den Frieden besonders schätzen gelernt«. Deshalb habe er aus »tiefster Überzeugung« für die Beibehaltung des Namens »Friedensplatz« gestimmt, auch um damit den gemäßigten italienischen Bürgermeister Salghetti-Drioli und jene Italiener, »die den guten Willen hatten, mit uns einig zu sein«, zu ermutigen. Leider habe wieder einmal die Unvernunft gesiegt, jener nationalistische Ungeist, der andere demütigen wolle.

Niederlage beim Referendum für die Umbenennung des Siegesplatzes in »Friedensplatz«

Magnago war zutiefst enttäuscht. »Das sollen die Früchte der Politik der guten Zusammenarbeit sein?«, fragte er verbittert. Er verstand die Welt, vor allem aber die Italiener nicht mehr. »Die Autonomie, die wir erkämpft und sie bekämpft haben«, sagte er, komme ihnen genauso zugute wie den deutsch- und ladinischsprachigen Südtirolern. Den Italienern gehe es in »diesem Lande« gut, das viel Wohlstand, geordnete Verhältnisse, eine saubere Verwaltung und keine Arbeitslosigkeit kenne. Man könne doch nicht gleichzeitig in den Topf spucken, aus dem man gut esse. Das Scheitern aller Maß-

Die Autonomie kommt allen drei Sprachgruppen zugute

nahmen, die Italiener vom Nutzen und von den Vorteilen der Autonomie zu überzeugen, entmutigte ihn. Gerade sein Nachfolger, Landeshauptmann Luis Durnwalder, hatte auf diesem Gebiet mit großer Überzeugungskraft zu wirken versucht, wurde von den meisten Italienern in Südtirol anerkannt und respektiert, ja sogar von nicht wenigen – wie gerade die Landtagswahlen von 1998, 2003 und 2008 bewiesen – persönlich gewählt. Aber auch Durnwalder zeigte sich ob so viel Unvernunft, von diesem Mangel an einer wirklich europäischen Gesinnung, mehr als nur besorgt. Ein kleiner Lichtblick für die Zukunft bildete das Ergebnis der Gemeindewahlen 2010 in Bozen, bei der erstmals wieder die gemäßigten Kräfte erheblich gestärkt wurden. Bürgermeister Luigi Spagnoli konnte so mit entscheidender Hilfe der SVP bereits im ersten Wahlgang bestätigt werden. Dazu hatten heftige Streitigkeiten in der PDL maßgeblich beigetragen.

Ehrungen und Auszeichnungen bedeuteten Magnago nur wenig, auch wenn er sich darüber (meist) freute. Von dieser Regel – »ich bin ja voller Orden; was ein normaler Mensch halt so an Auszeichnungen bekommen kann, habe ich bereits erhalten« – gab es jedoch einige Ausnahmen. Der Ehrenring des Landes Tirol, die höchste Auszeichnung des Landes, betrachtete er mit Freude als »Anerkennung eines Lebenswerkes«. Denn der geistig-kulturellen Einheit Tirols war er stets zutiefst verpflichtet gewesen und hatte sich nach dem Beitritt Österreichs zur EU und dem damit, beziehungsweise mit dem Abkommen von Schengen verbundenen »Fall« der Brennergrenze allzu oft über den »Kleinmut und die Kleinlichkeit« von Politikern dies- und jenseits der »Unrechtsgrenze« geärgert. Denn jetzt, so sagte er mir in einem der letzten Gespräche, hätte man »alle Möglichkeiten und Chancen, das geteilte Land behutsam wieder zu-

Ein Orden und seine Geschichte

Österreich ist bei der EU: Die Unrechtsgrenze ist gefallen

sammenzuführen«. Wenn dies in einem »europäischen Geist« geschehe, dann könne man nicht einmal in Rom dagegen protestieren.

Neben dem Robert-Schuman-Preis, den er als eine herausragende Auszeichnung von europäischem Rang zu Recht hoch in Ehren hielt, bereitete ihm auch die höchste Auszeichnung der Republik Österreich, seines »Vaterlandes«, große Freude. Auch die Ehrenmitgliedschaft des Tiroler, Südtiroler und bayerischen Schützenbundes schätzte er als Zeichen »gemeinsamer Werte im deutschsprachigen Alpenraum«, sozusagen aus »patriotischer Gesinnung«. Hingegen legte er Wert darauf, die ihm bereits 1991 verliehene hohe italienische Auszeichnung, mit der ihn der Staatspräsident zum »Cavaliere di Gran Croce« ernannt hatte, in ihrer Bedeutung bewusst aus politischen Gründen herabzuspielen. Magnago war von Ministerpräsident Giulio Andreotti persönlich beim damaligen Staatspräsidenten Cossiga dafür vorgeschlagen worden, hatte den »Cavaliere« damals jedoch nicht angenommen. Als Begründung dafür sagte er auch später, er habe »keine Auszeichnung vom italienischen Staat (haben) wollen, solange ich noch Obmann der SVP war«. Tatsächlich unterschrieb der große Südtirolfreund Cossiga das Dekret dafür erst am 26. April 1991, »als der Roland Riz meine Nachfolge als Obmann antrat«. Cossiga trat wenige Tage später von seinem Amt zurück, so dass Magnago die Insignien der Auszeichnung jahrelang nie erhielt. Sie wurden ihm erst im Rahmen des Besuches von Staatspräsident Oscar Luigi Scalfaro im März 1997 in Bozen übergeben. Mit diesem »Besuch« hatte Magnago jedoch wegen sehr umstrittener, weil missverständlicher nationalistischer Äußerungen des Staatspräsidenten, die dem Wesen und den Ansprüchen der deutsch- und ladinischsprachigen Südtiroler keineswegs Rechnung trugen, »gar keine Freude«. Magnago war der Meinung, dass »der Scalfaro gar nichts, am wenigsten uns begriffen« habe.

Magnago will keine Auszeichnung vom italienischen Staat

Wenige Monate vor seinem 90. Geburtstag verstarb am 21. November 2003 nach einer langen, schweren Krankheit seine Frau Sofia. Sie hatte seit zwölf Jahren an Alzheimer gelitten und musste in der Bozner Marienklinik als Pflegefall betreut werden. Magnago nannte sie »meinen Engel«, seitdem sie ihm als jung angetraute Frau nach seiner schweren Verwundung an der Ostfront an der polnischen Grenze abgeholt, ihn durch die Lazarette begleitet und ihm neuen Lebensmut gegeben hatte. Sofia Magnago starb im Alter von 91 Jahren. Über sechzig Jahre war sie mit jenem Mann verheiratet gewesen, der nicht nur ihr Schicksal, sondern das eines ganzen Landes geprägt hatte.

Der Tod seines »Engels« Sofia

Magnago war sechzig Jahre verheiratet

Magnago, der nach außen hin so karg wirkte, weil er sich selten den Luxus von Gefühlen zu gestatten schien, zeigte sich vom Schicksal seiner Sofia tief betroffen. Er hat seine Frau als einfühlsame und geduldige Lebens- und Weggenossin geschildert. In einem Interview mit dem »Sender Bozen« der Rai sagte er 1996 anlässlich seines 82. Geburtstages, er sei ihr zutiefst dankbar und fügte hinzu: »Und ich habe sie genauso gern heute noch wie damals ... als wir jung verheiratet waren ...« Seine Frau habe mit ihm viel Geduld gehabt, denn er habe für sie nur wenig Zeit abzweigen können – und wohl auch wollen. Er sei wegen »meiner Krankheit und der Leiden, die ich halt mitmachen muss«, oft nervös gewesen. Auch habe er sie manchmal als »Blitzableiterin« für »meine politischen Sorgen und Anspannungen« benützt. Sofia Magnago war stark im sozialen, vor allem aber im kulturellen Bereich engagiert, kämpfte aber auch – was Magnago missfiel und er manchmal auch hart missbilligte – im privat-politischen Bereich für ihren »Nino«. Sie litt darunter, wenn er ihrer Meinung nach zu Unrecht kritisiert oder auch nur missverstanden wurde. »Der Magnago«, so pflegte sie zu sagen, »weiß schon, was er tut. Und *für sich* tut er bestimmt nichts.«

Frau Sofia war für Magnago die geduldige Lebens- und Weggenossin – sie kämpfte aber auch für ihn

Magnago hat seine kranke Frau, die im Gegensatz zu ihm viel lachte, ja ein Temperamentsbündel war, fast täglich in der Klinik besucht. Als die schönsten Momente empfand er es, wenn sich der Nebel in ihr manchmal lichtete und sie ihn für Sekunden wiedererkannte. Er habe es, so erzählte er, an ihren Augen sehen können, dass sie ihn wahrgenommen habe: »Dann freu' ich mich ungemein, dass ich ihr eine kleine Freude habe bereiten können …« Die Ehe mit Sofia sei »halt was Schönes gewesen«.

»Es war halt was Schönes …«

Schöner kann auch eine große Liebeserklärung nicht sein. Aber auch dazu war er fähig. Im »Dolomiten«-Magazin gab er diese im Jahre 1989 in seiner unnachahmlichen Art für sie ab, und zwar noch so rechtzeitig, dass sie diese vor dem Ausbruch ihrer Krankheit selbst noch lesen konnte: *Sie ist der wichtigste Mensch in meinem Leben. Als ich Ende 1943 schwer verwundet, von den Ärzten bereits aufgegeben war, hat mir die Liebe zu Sofia das Leben gerettet. Denn als sie mich besuchen kam, habe ich mir beim Anblick dieser hübschen jungen Frau gesagt: »Nein, es ist nicht gerecht, dass ich jetzt abhauen (sterben) muss … I geah net!« Und (von da an) wurde mein Lebenswille (wieder) unheimlich stark …*

Die Liebe zu Sofia rettete Magnago das Leben

Zum eigenen Tod hatte Magnago ein »ganz natürliches Verhältnis«. Er freute sich, trotz seiner Leiden unerwartet so alt geworden zu sein (»Ich bin eben zäh«), fürchtete den Tod aber nicht. Er bringe, so meinte er, auch die Erlösung von Sorgen und Leiden, führe ihn in eine bessere Welt. Magnago war tiefgläubig, gewiss aber kein Frömmler.

Magnago war tiefgläubig

Die Last des Alters bedrückte ihn kaum. Er hat sie als Herausforderung empfunden. Alt werden sei ein Privileg, für das er unserer Zeit mit ihrer fortschrittlichen medizinischen Betreuung, vor allem aber »dem lieben Gott« dankbar sei. Man dürfe nur im Alter seine

Würde nicht verlieren, möglichst wenig abhängig werden. Dies erklärte er in unzähligen Vorträgen in fast allen Dörfern Südtirols (»Ich bin ein moderner Märchenerzähler …«) über sein Leben und sein Lebenswerk Tausenden von älteren Menschen. Es sei unsinnig, dass zwar *niemand sterben* möchte, aber *gleichzeitig nicht »alt« werden wolle*. Senioren hätten den jüngeren Menschen viel zu bieten: Wissen, Lebenserfahrung, Bescheidenheit.

Am 25. Mai 2010 ist Silvius Magnago selbst im Alter von 96 Jahren in Bozen verstorben. Der Kreis hatte sich geschlossen. Südtirols Jahrhundertmann ist nun endgültig zur Legende geworden.

Zum Abschied · Hans Benedikter

Magnagos letzter Weg

Fast eine Woche hat Südtirol um eine der ganz großen Persönlichkeiten seiner Geschichte getrauert. In die Trauer um den Landesvater und sein überragendes Lebenswerk mischten sich jedoch auch Dankbarkeit, Respekt, Anerkennung und Stolz. Dankbarkeit dafür, dass Silvius Magnago sein Leben Südtirol gewidmet hat. Respekt für Mut, Beharrlichkeit und Weitblick, mit denen er mit der entscheidenden Hilfe Österreichs dem Staat Italien eine Autonomie abtrotzte, von deren Ernte längst alle drei Sprachgruppen zehren. Anerkennung für die Entschlossenheit und Zähigkeit, mit der er dieses schwierige Ziel verfolgte und dafür auch die richtigen Entscheidungen traf. Aber auch Stolz, dass unser kleines Land mit Silvius Magnago einen Staatsmann von europäischem Format hervorgebracht hatte.

Doch Magnago war weit mehr. Er hinterließ uns ein ebenso wichtiges wie kostbares Vermächtnis, über alle Tagespolitik hinaus, nie das Wesentliche aus den Augen zu verlieren. Nämlich die Frage, wer wir sind, woher wir kommen, wohin wir gehen und – vor allem – was wir bleiben wollen. Wie Moses hat er uns aus der »Knechtschaft« befreit und zu neuen Ufern geleitet. Nun liegt es an uns, die Zukunft so zu gestalten, dass wir möglichst auch SEINEN Maßstäben gerecht werden: die Bewahrung der eigenen Identität als zwar stets loyale Staatsbürger, vor allem aber als Tiroler und Europäer. Es wäre traurig, wenn der von ihm so geliebte Begriff vom »Vaterland Österreich« nun mit ihm begraben worden wäre. Denn es geht um mehr als um schöne Worte zu Ehren unseres JAHRHUNDERT-Mannes. Es geht vielmehr um die Beachtung seiner Wegmarken, um die Respektierung seiner Werte, die vorbildhaft sein Leben und seine Lebensleistung gekennzeichnet haben. Dieses kostbare Erbe sollte uns über den Tag hinaus Auftrag und Verpflichtung sein.

Die Tiroler Fahne als Symbol eines ganzen Lebens: Mit dem Trauerflor und auf Halbmast vor dem Bozner Dom erweist Südtirol seinem großen Toten die letzte Ehre.

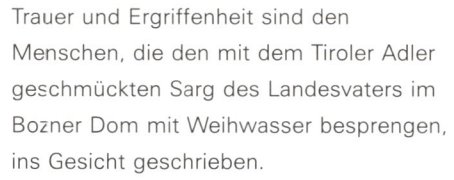

Trauer und Ergriffenheit sind den Menschen, die den mit dem Tiroler Adler geschmückten Sarg des Landesvaters im Bozner Dom mit Weihwasser besprengen, ins Gesicht geschrieben.

Bis zum letzten Platz war der Bozner Dom am 28. Mai 2010 von der Trauergemeinde gefüllt. Und viele Menschen harrten vor den Portalen aus, um später einmal sagen zu können, dabei gewesen zu sein, als der Vater der Landesautonomie mit dem »Deutschen Requiem« von Domkapellmeister Herbert Paulmichl verabschiedet wurde.

1 »Silvius Magnagos Wirken war ein Segen für Südtirol«, sagte Bischof Karl Golser.

2 Martha Stocker würdigte in aussagekräftigen Worten Silvius Magnago in folgender Fürbitte: »Guter Gott, in großer Dankbarkeit stehen wir heute vor Silvius Magnago, der uns so Vieles gelehrt und uns Vieles als Vermächtnis mit auf den Weg gegeben hat. Wir verneigen uns vor der Größe seiner Lebensleistung, die sich der Gerechtigkeit und Freiheit, dem Gemeinwohl verpflichtet sah und damit dem Frieden gedient hat. Wir verneigen uns vor der Würde seines bescheidenen Lebens und der Glaubwürdigkeit seines integren Handelns. O Gott, der Du ihm nun die Bürde seines irdischen Lebens abgenommen hast, lass ihn, der Heimat geschaffen hat, nun ganz daheim sein bei Dir«.

3 Landeshauptmann Luis Durnwalder als »symbolische Brücke« zwischen Österreichs Bundeskanzler Werner Faymann und dem Vertreter des italienischen Parlaments, Pier Ferdinando Casini. Es war das große Verdienst Magnagos, mit seiner klaren Politik die früher tiefen Gräben des Misstrauens und der Voreingenommenheit zwischen Österreich und Italien weitgehend zugeschüttet zu haben.

4 Einige seiner politischen Weggefährten (vorne, von rechts): Roland Riz, Andreas Khol, Karl Mitterdorfer, Giorgio Pasquali, Alois Partl, Wendelin Weingartner. Hinten, von rechts: Bruno Hosp und Erich Achmüller.

Magnagos »gute Seele«, seine getreue Haushälterin Hermine, die ihm und seiner Frau Sofia 45 Jahre lang Tag und Nacht zur Seite stand.

Zwei prächtige Noriker aus Sankt Peter im Ahrntal ziehen den Sarg jenes Mannes, der Südtirols Schicksal prägte, zur letzten Ruhestätte.

Eine kleine Rast auf dem langen Weg zur letzten Ruhe.

Eine Volksgruppe zeigt ihre beste Seite. Es war ergreifend zu sehen, wie auch viele italienische Südtiroler dem langjährigen Landeshauptmann und SVP-Obmann auf ihre persönliche Art und Weise Respekt und Dank bekundeten. So kann ein Begräbnis zugleich Identität bewahren und Brücken bauen helfen.

Ein Salut für den größten Politiker der jüngeren Geschichte Südtirols.

Drei Männer und drei von vielen Reden: Der Tiroler Landeshauptmann Günther Platter (Bildmitte) würdigte das Wirken und die politisch-ethische Haltung Magnagos. SVP-Obmann Richard Theiner (links) erklärte, der Verstorbene habe Volk und Heimat immer selbstlos gedient. Nur durch Zusammenhalt werde eine Minderheit stark, so habe sein oberstes Credo gelautet. Der Bozner Bürgermeister Luigi Spagnolli (rechts) verabschiedete sich auf Deutsch mit den Worten: »Ich bin sicher, der liebe Gott erwartet dich: gute Heimfahrt…«. Landeshauptmann Luis Durnwalder, der den Reigen der Redner eröffnete, nannte Magnago einen »liebenden, aber auch strengen« Vater, der ein Leben lang für Frieden, Eigenständigkeit und Wohlstand seiner Südtiroler gekämpft habe. Beachtlich waren auch die einfühlsamen Worte von Pier Ferdinando Casini, der betonte, dass Magnago »in seinem Herzen nur eine Heimat, nämlich sein Tirol hatte«. Und für einen PdL-Vertreter wie Staatssekretär Carlo Giovanardi keineswegs selbstverständlich waren seine deutsch gesprochenen Schlussworte: »Ruhe in Frieden, in deinem Land und bei deinen Leuten«.

Österreich zeigte am Sarg Magnagos höchste Präsenz: SPÖ-Bundeskanzler Werner Faymann und sein Vizekanzler von der ÖVP, Josef Pröll, waren persönlich nach Bozen gekommen, um dem Toten den Dank und die Anerkennung seines »Vaterlandes« zum Ausdruck zu bringen. Auch diese Geste sollte man – ganz im Sinne Magnagos – in Erinnerung behalten.

Ein Begräbnis nach alter Tiroler Tradition ist mit seiner Mischung aus Fahnen, Trachten, Federn und Farben, aus Trauer und Wehmut, aus Frömmigkeit und Zuversicht, wohl einmalig in der Welt. Kaum irgendwo sonst spielt so viel Herz mit, begleitet von den Klängen vertrauter Weisen der Musikkapellen, die Magnago über alles liebte.

Die Tiroler Schützen diesseits und jenseits des Brenners verabschiedeten sich von Silvius Magnago, dem Vorkämpfer für mehr Freiheit, Eigenständigkeit und Selbstbewusstsein seines Landes, mit einem Salut.

Ein Bild sagt mehr als tausend Worte. Doch ein Dichter wie
Matthias Claudius (1740–1815) darf es für uns in jene Worte fassen,
die er für seinen verstorbenen Vater schrieb:

Wie Gras auf dem Felde sind Menschen
Dahin, wie Blätter! Nur wenige Tage
Gehn wir verkleidet einher!

Der Adler besucht die Erde,
Doch säumt nicht, schüttelt vom Flügel den Staub, und
Kehret zur Sonne zurück!

Magnago – der Adler Tirols. Doch *uns* bleibt der Trost des gleichen Dichters:

…ach, sie haben
Einen guten Mann begraben,
Und mir/uns war er mehr.

Magnago ist tot. Doch mit IHM lebt SEIN Land Tirol, seine Heimat,
die uns allen auch durch sein Leben FÜR Südtirol Heimat bleibt.

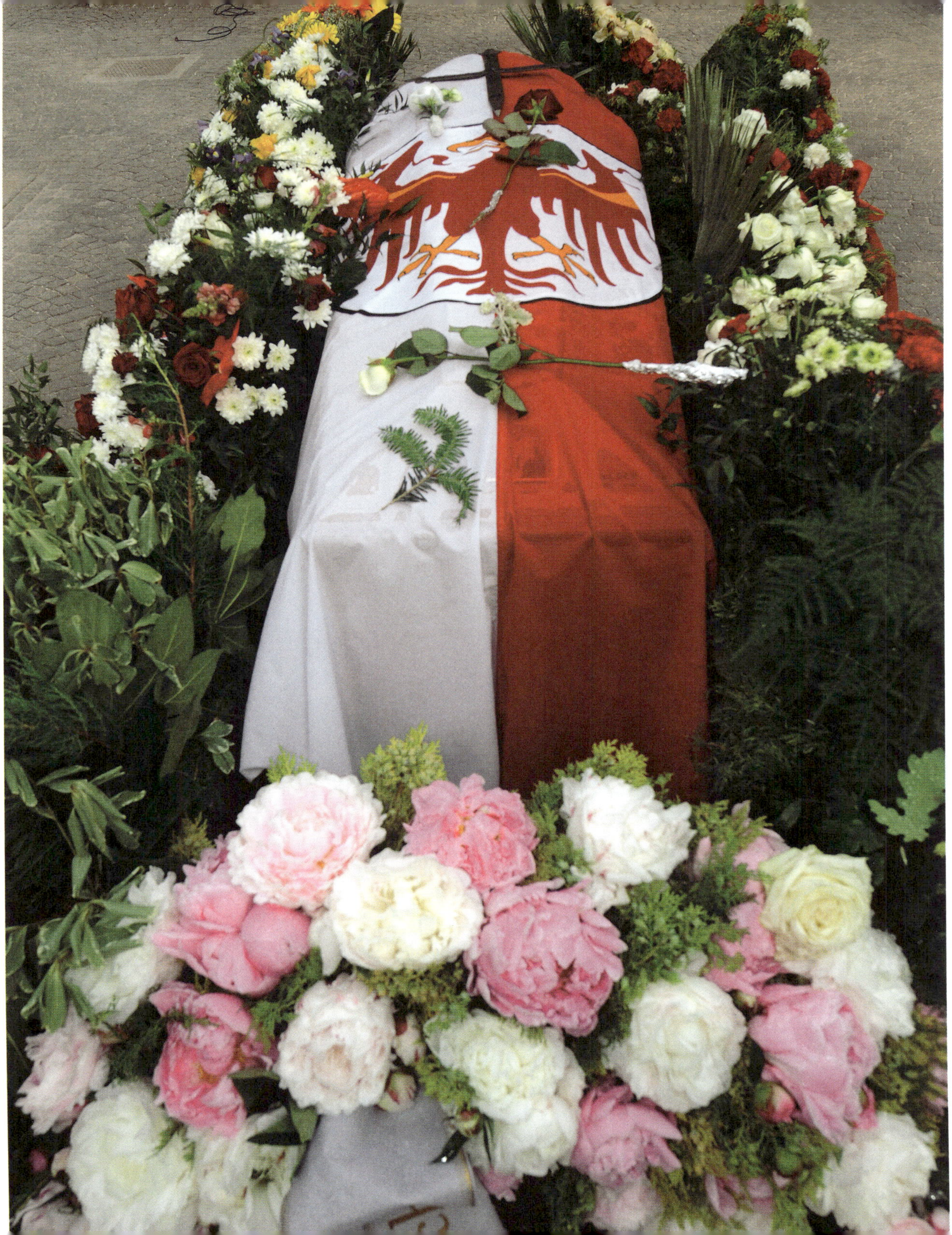

**STIFTUNG
SÜDTIROLER SPARKASSE**

Wir stiften Kultur